KB076509

쌈지 선생의

이것이
대한민국
부동산의
미래다

쌈지 선생의
이것이 대한민국 부동산의 미래다

초판 1쇄 인쇄 | 2019년 1월 10일
초판 1쇄 발행 | 2019년 1월 18일

지은이 | 쌈지 선생(박연수)
펴낸이 | 황인욱
펴낸곳 | 도서출판 오래
　　　　04091 서울시 마포구 토정로 222, 406호(신수동, 한국출판콘텐츠센터)
　　　　전화 02-797-8786, 8787, 070-4109-9966
　　　　팩스 02-797-9911
　　　　이메일 orebook@naver.com
　　　　홈페이지 www.orebook.com
　　　　출판등록 제2016-000355호

ISBN 979-11-5829-049-8　03320

값 15,000원

이 도서의 국립중앙도서관 출판예정도서목록(CIP)은 서지정보유통지원시스템 홈페이지(http://seoji.nl.go.kr)와
국가자료공동목록시스템(http://www.nl.go.kr/kolisnet)에서 이용하실 수 있습니다.(CIP제어번호: CIP2018041761)

쌈지 선생의

이것이
대한민국
부동산의
미래다

쌈지 선생 지음

圖書出版 오래

쌈지 선생 박연수, 2019년 이후 대한민국 부동산의 미래를 말하다.

2017년 정부의 8.2 부동산 대책 이후 잡힐 줄 알고 기대했던 서울 집값은 오히려 정부의 기대를 비웃기라도 하듯 정부의 9.13 부동산 대책이 나올 때까지도 미친 듯이 상승했다. 네이버 부동산 자료에 의하면, 이 시기에 강남 자곡동 한양수자인 아파트(전용면적 84.83m²)는 2017년 10월 매매가가 5억 원 초반 대에서 1년 후 2018년 10월 매매가가 11억 5천만 원에서 13억 원에 호가가 형성되었다고 한다. 그렇다면 이 아파트는 도대체 1년 동안 얼마나 오른 것인가. 오르기 전 가격의 두 배가 1년 만에 오른 것이다. 그래서 서울 집값이 미쳤다고 표현해도 무리 없이 받아지는 것이다. 강남의 중심에 있는 아파트도 아니건만 이곳이 이렇게까지 올랐다면 강남의 핵심, 반포, 잠실의 재건축 단지 아파트는 얼마나 올랐겠는가. 이번의 서울 집값 상승을 견인해온 재료인 저금리, 유동장세가 계속된다면 서울 집값은 다시 오를 가능성이 높다.

최근의 서울 집 가격은 2000년대 초, 중반 세계적인 부동산 버블현상으로 국내 부동산이 폭등했던 이후 최고로 높은 수준의 집값 상승이 재연됐다(서울 등 일부 광역시에 국한된 것이었지만). 2000년대 초, 중반은 서울을 포함해 경기도 인구 50만 이상의 7대 도시 구도심 전역에서 뉴타운 재개발 사업으로 인해 서울, 수도권 부동산 시장이 미쳐 돌아가던 시기였다. 당시에는 어디 어디가 재개발된다는 첩보 수준의 정보만으로도 부동산 가격이 요동을 치고 정말 다음날이 되면 거짓말처럼 신고가를 써나가던 시절이었다. 이 시기에 시장에서 인간의 이성과 합리성이라는 단어는 실종되고 인간의 탐욕이 시장의 가격을 결정짓던 시기로 정의해볼 수가 있다. 2017년 8.2 조치 이후 1년간 미친 듯이 올랐던 서울 집값 폭등이 그러했다.

그래서 투자시장에서의 인간의 탐욕은 거대한 코끼리이고 인간의 이성은 초라한 조랑말에 불과하다고 말하는 것이다.

폭등하던 서울 집값이 정부의 9.13 조치 이후 강화된 대출 규

제와 보유세, 양도세 중과 그리고 미국의 금리 인상으로 상승세
는 멈추고 시장에서 매물이 사라지는 거래 절벽 현상을 맞고 있
다. 정말이지 1년이라는 단기간에 부동산 시장이 울고 웃은 것이
다. 이 기간 동안 서울 집값은 폭등한 반면, 지방은 일부 광역시
의 핵심 권역을 제외하고는 거의 모든 지역의 아파트 가격이 하
락했다. 예전의 부동산 가격 상승은 지역 간에 서로 앞서거나 뒤
서거나 하면서 동반 상승하는 것이 일반적 현상이었으나 이번의
부동산 가격 상승에서는 그 수혜지역이 서울과 수도권 경부라인
의 핵심지역인 분당, 판교, 용인시의 신분당선 연장 수혜지역인
동천, 수지, 신봉, 성복, 상현 지구와 광교 신도시 그리고 세종,
과천 등 일부 지역에 그쳤다는 점이다. 따라서 이번 상승장에서
이 지역들을 제외한 지역에 사는 사람들은 상대적 박탈감이 컸을
것이다. 앞으로 부동산 시장에서 핵심지역과 비 핵심지역 간의
가격 양극화 현상은 고착화될 것으로 예상해 볼 수 있다.

현재 투자자들이 가장 궁금해하는 문제는 2017년 11월 이후
1.5%에서 동결되어 있는 한국은행의 기준금리가 과연 어느 시
점에 얼마나 오를 것인가와 이것이 부동산 시장 전반에 얼마나
큰 영향을 미칠 것인가를 지켜보는 일이었다. 그러나 2018년 11월
30일, 막상 뚜껑을 열어보니 한국은행의 기준금리는 0.25% 올라
소폭의 인상에 그쳤다. 따라서 현재 한국은행의 기준금리는 1.75%

로 미국 기준금리와 0.25%~0.5%의 차이가 발생해 2018년 9월 28일 미국 연준이 기준금리를 인상하기 전으로 돌아갔다. 따라서 2013~2018년 부동산 상승을 견인해온 저금리, 유동장세는 계속되고 있다고 봐야 한다.

2018년이 저물어 가는 12월 20일, 미국 연준은 기준금리를 0.25% 올려 다시 한국과 미국의 기준금리는 0.75% 차이가 벌어졌으나 미국이 2019년 보수적 금리 인상을 예고하고 있어 2018년 부동산 상승을 견인해온 저금리, 유동장세는 계속되고 있다고 봐야 한다. 2019년 한국경제의 성장이 둔화될 것으로 예상되고 있으나, 이것 때문에 부동산 시장이 침체될 것이라고 판단하는 것도 시장흐름을 매우 단순화시켜 보는 오류를 범할 수 있다.

최근의 부동산 시장은 주식시장의 가격 패턴과 유사한 흐름을 보이고 있다. 그러니까 조정장세가 일단락되면 시가총액 상위 우량종목이 가장 먼저 신고가를 치고 나가는 것처럼 부동산 역시 부동산시장에서 핵심 우량주라고 할 수 있는 강남 3구와 소위 한강 개발축 선상의 마포, 용산, 이촌, 한남, 성수 지구, 그리고 신강남벨트라고 부르는 서초구 내곡동에서 강남구 자곡동, 세곡동, 수서역세권 장지동 유통단지와 송파대로를 사이로 마주하고 있는 위례 신도시 그 옆 동네 거여 · 마천지구, 하남 미사 신도시 그리고 서울 고덕 재건축 단지에 이르는 지역과 소위 경부라인이라고 부르는 판교, 분당, 광교 신도시 등의 수도권 아파트 단지들이 가장 먼저 신고가를 치고 나올 가능성이 높다.

또 그동안 핵심지역 내에 있으면서도 소형 아파트와 비교해 가격 격차가 있었던 비소형, 비강남 아파트들이 소형 아파트와의 가격 격차를 줄여 나가는 흐름을 보일 것이다. 우리는 이미 오를 곳은 오른다는 사실을 잘 알고 있다. 그러나 항상 투자시점이 문제다. 아무리 핵심지역으로 평가받는 곳에 투자를 한다고 해도 가격이 꼭짓점에 올라온 시점에 투자해서는 먹을 것이 적다. 그래서 투자의 시점이 중요한 것이다. 물론 핵심지역의 아파트는 장기적인 관점에서 우상향의 기울기를 보이기 때문에 사고 나면 언젠가는 오른다. 그래도 시세차익이라는 관점에서는 투자기회를 잃거나 놓치면 그 기간 동안의 기회비용을 상실하게 만든다.

우리는 지난 몇 년간 후행지표만 열심히 분석하다가 정작 시장의 흐름을 놓쳐 매수 시기를 놓친 것이 사실이다. 불과 2년 전만 해도 서울 강남 3구도 서초구를 제외하면 아파트의 $3.3m^2$(평)당 매매가가 5,000만 원을 넘는 곳이 없었다. 그러나 지금은 어떠한가? 그렇다. 시장분석에 시간을 오래 끌면서 정작 투자시점을 실기한 것이다. 예전에 부동산 시행사를 하던 친구들이 내게 이런 말을 한 적이 있었다. "왜 부동산 투자에서 여성이 돈을 많이 버는지 아세요?"라고. 그때는 그들이 말이 선뜻 이해가 가지 않았지만 이제는 이해가 될 만도 한 것 같다. 그들의 말인즉 남성들은 자신의 지력을 과신하고 이리저리 머리 굴리다가 정작 투자시기를 놓치는 반면에 여성들은 쇼핑하듯이 물건의 가격만 보고 투자를 결정하기 때문에 의사결정이 빠르기 때문이라고. 하긴 여성에게는 오감만 있는 것이 아니라 투자 감각이라는 육감도 있다는 것이 투자시장에서는 정설이다. 이 말은 근거가 있는 얘기다. 부동산 투자는 상품을 사는 것이 아니라 시간을 사는 것이라고 했다. 지금은 시장 흐름을 관망할 때이지 투자시점은 아니다.

투자의 성공은 누가 빨리 리스크 테이킹을 잘 관리하고 투자시기를 선점하는 것에 있다. 만약 여러분이 지금으로부터 1년 전인 2017년 10월에 서초구 내곡동 더샵포레 85m² 아파트에 투자했다고 가정을 해보자. 그 당시 이 아파트의 매매가는 8억 6천만 원이었다. 그러나 1년 후인 2018년 10월에 가서는 13억 7천만 원을 호가하고 있다. 특정지역의 아파트를 예를 들어 전체를 일반화한다는 것은 문제는 있다. 그러나 이 정도 오른 아파트 단지들은 이곳이 아니더라도 서울의 여러 지역에서 공통적으로 나타난 현상으로 과장된 것은 아니다.

이제 서울 아파트는 단지 서울에 있다는 것만으로도 호재가 되는 현실이다. 이번 서울 집값의 폭등으로 서울에 집을 갖고 있는 사람들은 아무런 투자 행위를 하지 않고도 큰돈을 벌었다.

부동산 시장에서의 가격의 결정은 내재적으로는 수급, 입지가 절대적으로 영향을 미친다. 그러나 우리가 경험한 가격 폭등 사례에서 보았듯이 부동산 가격은 세계 경기의 흐름, 정부의 부동산 정책, 금리와 시중 유동성의 흐름이 부동산 가격에 더 많은 영향을 미친다. 많은 사람들이 이번의 서울 집값 폭등이 전 정부에서 추진된 저금리 정책과 부동산 규제 완화에 힘입은 것이라고 말하지만 2008년 금융위기 이후 선진국에서 경쟁적으로 추진되어온 양적완화정책으로 인한 세계적인 저금리 현상, 이로 인해 증가된 유동성이 국내 부동산 가격 상승을 견인해온 재료임을 부인할 수는 없다. 9.13 부동산 대책 이후 부동산 시장이 하락 국면으로 들어선 것도 수급의 문제라기보다는 미국이 양적완화정책을 포기하고 양적완화 축소를 뜻하는 테이퍼링 정책으로 통화정책을 전환함에 따라 미국금리가 오르고 대출 규제마저 강화되자 투자심리가 냉각되면서 폭등했던 서울 집값이 하락 국면으로 전환된 것이다. 옛말에 달도 차면 기운다고 하지 않던가. 이 시점에서 내가 여러분에게 말하고 싶은 것은 현상에만 집중하면 다가오는 시장의 소리를 들을 수 없다는 것이다. 9.13 조치 이후 언론에서는 서울 소재 아파트의 거래가 실종되고 가격이 큰 폭으로 하락하고 있다는 기사가 연일 도배하다시피 지면을 뒤덮고 있다. 그러나 언론은 지금의 현상을 주목해 기사를 쓰는 것이지 그들에게는 미래를 보는 혜안이 없다. 부동산, 그중에서도 아파트는 주식이나 펀드처럼 투자 상품의 하나로 시중 유동성의 변화에 의해 투자자의 심리가 언제든 뒤바뀔 수가 있다. 한국은행이 기준금리를 올렸다 해도 0.25%의 소폭의 금리 인상에 그쳤다. 이는 2013년 5월의 기준금리 2.5%와 비교해 0.75%나 못 미치는 금리로 여전히 저금리 시대는 계속되고 있다고 봐야 한다. 투자 상품의 가격은 금리, 시장의 유동성 사이즈에 절대적으로 영향을 받는다. 그래서 투자시장에서 정말 큰 장은 금융장세 혹은 유동장세라는 말이 생겨난 것이다.

부자 월급쟁이는 이제 은행에 가지 않는다고 한다. 이 말이 왜 나왔겠는가. 현재 은행의 예금금리가 2.0% 수준이다. 여기에 이자에 대한 세금 16.5%를 공제하고 나면 실제 받는 이자는 2%가 되지 않는다. 이 정도 금리로는 겨우 물가 상승률을 커버하는 수준이지 돈을 벌어주는 금리가 아니다. 현재 부동산 시장에서 다주택자들의 임대 사업자 등록이 증가하고 있는 이유가 무엇 때문이겠는가. 현재의 은행 이자로는 노후 보장이 안 되기 때문에 은행 예금 이자와 비교해 열배 이상의 수익이 가능한 임대주택에 투자하는 생계형 투자자들이 늘고 있기 때문이다. 부동산 시장은 살아있는 생물이다. 지금의 현상만 보고 시장의 미래를 판단하는 일은 없어야 한다. IMF는 2019년도의 한국 잠재 경제 성장률을 2.6%로 예상하고 있다. 따라서 경기 부진이 예상되는 시기에 한은이 추가적으로 금리를 인상하기는 부담스러울 것이다. 따라서 금리가 부동산 시장을 잡아먹는 현상은 없을 것으로 예측해 볼 수가 있다.

:: 부동산이 개인의 부를 결정하는 시대

개인의 부가 어느 지역에 부동산을 소유하고 있느냐에 따라서 결정된다는 것은 건강한 자본주의 문화를 위해서 또 국가의 백년대계를 위해서도 매우 불행한 일이다. 그러나 이미 우리 사회는 부동산 투자를 통한 불로소득이 개인의 부를 결정짓는 지대 사회로 진입해온 지 오래됐다. 개인이 피 터지게 일해서 버는 돈보다 부동산 한 번 사고파는 것이 개인이 근로소득보다 몇 배나 많이 버는 세상에서 누가 이를 마다하겠는가.

서구 유럽처럼 부동산을 통한 부의 확장을 강력하게 세금으로 환수하는 토지공개념 문화가 뿌리 깊게 자리 잡은 곳이라면 몰라도 우리나라에서는 강력한 부동산 정책인 보유세를 중과하겠다고 하면 집 없는 서민들이 먼저 반대를 하고 나올 것이다. 우리나라에서 서민에서 중산층으로 점핑하는 유일한 길은 부동산에 투자해서 기회를 잡는 것인데 그 사다리를 걷어차버리는 정책을 추진하는 정부를 지지할 국민은 대한민국에서는 찾아볼 수 없을 것이기 때문이다.

우리나라 사람들이 이런 생각을 갖는 것은 다 그럴만한 이유가 있다.

2018년 11월 16일 발표됐던 "행정자료를 활용한 2017년 주택 소유 통계조사"에 따르면 2017년 11월 1일을 기준으로 1년 전 보다 보유주택의 총자산이 증가한 사람은 974만 7,000명이었다고 한다. 이는 전체 주택 소유자 1천367만 명 중 71%에 해당된다. 따라서 집을 보유한 사람 10명 중 7명이 2016~2017년의 투자공간에서 집값이 상승해 돈을 벌었다는 얘기가 된다. 이 중에서 총 주택자산 증가액이 1억 원 이상인 주택 보유자도 104만 명에 이르고 있다. 증가액 구간별로는 1억 원에서 3억 원이 84만 명, 3억 원에서 5억 원이 14만 1천 명, 5억 원 초과가 6만 천명에 이른다. 1억 원 미만 구간에서는 5천만 원 이하가 813만 명으로 가장 많았다. 이번 통계청의 주택 조사 결과는 공시지가 기준으로 한 것으로 일반적으로 시가가 공시지가보다 더 높게 상승한다는 점을 감안하면 집값 상승의 결과는 조사 결과보다 더 높을 수가 있다.

이 조사 결과는 2016년 11월에서 2017년 10월 말까지의 조사 결과이다. 그러나 2017년 정부의 8.2 부동산 대책이 나오고 나서 특정지역을 말해서 미안하지만 서울 집값이 얼마나 미친 듯이 폭등했던가. 이 기간 동안에 강남구 세곡동의 한양수자인 아파트는 불과 1년 전 5~6억 원에 매매가 형성되던 곳이 1년 후의 호가가 11~13억 원으로 올랐다. 이곳만 그렇겠는가. 서울의 핵심권역인 잠실, 반포 재건축 단지, 한남, 성수지구 등이 다 그 정도로 올랐다. 서울을 벗어나서 판교 신도시의 백현동 아파트단지는 수도권임에도 불구하고 3.3m²(평)당 평균 매매가가 3,800만 원까지 올랐다고 한다.

나는 아무 일도 한 것 없이 그저 집 한 번 사고판 것뿐인데 집 한 번 산 것치고는 그 결과가 엄청나지 않은가. 아파트 투자로 자신의 근로소득 10배 이상 버는 개인들이 속출하는 것은 비정상적인 일이지만 이것 또한 현실이라는 것을 인정 안 할 수가 없다.

투자자산에는 가격이 오르고 내리는 일정한 가격 패턴이 있다. 언론에서는 부쩍 집값 하락에 대한 기사를 쏟아 내고 있지만 항상 그렇듯이 현상에만 집중하면 소리 없이 다가오는 미래의 시그널을 읽어 낼 수가 없다.

지난 몇 년간 서울 집값이 미친 듯이 올랐다. 이제는 숨 고르기 시간이 필요한 시점이다. 부동산 투자는 아직 저평가된 지역이지만 오를만한 지역의 아파트를 선점하는 것이 최고의 투자전략이다. 사람들은 인구 절벽, 내수경기의 침체로 미래의 집값을 비관적으로 보고 있다. 인구 절벽 현상에도 불구하고 인구의 비대칭성으로 서울 수도권으로의 인구 유입은 오히려 계속 증가하고 있다. 이 흐름이 무엇을 말해주는 것인가. 여전히 서울 수도권의 핵심지역 아파트는 장기적 관점에서 오를 가능성이 높다는 것을 증명하는 것이다.

:: 과연 금리 인상이 부동산 시장을 잡아먹을 것인가

금리는 절대적인 것이 아니라 상대적인 개념으로 해석되어야 한다. 2008년 금융위기 이후 한국은행의 기준금리가 5.0%였다. 그러나 현재 한국은행의 기준금리는 1.75%에서 동결되고 있다. 그렇다면 현재의 기준금리는 그때와 비교해 매우 낮은 금리다. 현재의 한국은행 기준금리 1.75%는 2013년 5월의 기준금리 2.5%와 비교해도 0.75%가 낮은 금리다.

2018년 11월 30일, 한국은행의 기준금리 인상이 0.25%로 소폭에 그쳤다. 금리 인상이 불러올 후폭풍을 정부나 민간부분 모두 두려워하고 있기 때문이다. 금리가 오르면 우선 가계부채의 절반에 이르는 생계형 대출자부터 늘어나는 이자로 인해 파산의 위험이 높아지고 은행의 부실여신이 증가하면 은행 역시 파산하는 최악의 결과를 초래할 수가 있다.

그렇다고 미국은 금리를 계속해서 올리는데 우리만 그대로 두자니 외화유출 현상도 문제가 될 수 있다. 그러니까 금리 인상은 매번 국가 경제에 있어서 뜨거운 감자 역할을 톡톡히 하고 있는 것이다. 그런데 여러분은 왜 한국은행의 기준금리 인상이 소폭에 그쳤는지 궁금하지 않은가. 이 문제에 있어서 나의 생각은 그렇다. 첫째, 미국의 금리 인상에도 불구하고 아직까지는 외화유출 현상이 벌어지지 않고 있고 일종의 정책금리인 기준금리의 선행지표가 되는 시장 실세금리가 여전히 안정세를 보이고 있다는 점이다.

둘째, 미국의 금리 인상으로 현재 미국 금리와 우리나라의 기준금리는 0.75%의 금리 차이를 보이고 있지만 물가지수를 감안한 실제 금리 차이는 오히려 우리나라가 미국보다 높다고 볼 수도 있다. 따라서 한국은행의 금리정책은 최대한 보수적으로 가져갈 가능성이 높다고 생각한다.

셋째, 금리 인상이 불러올 가계경제의 파산, 이로 인한 은행권의 부실이 가설에 그칠 공산이 크다는 점이다. 2008년 미국발 금융위기 당시에는 미국의 메가 뱅크들이 정부의 감시의 눈을 벗어나 무절제하게 저 신용자들에게게까지 소위 LTV(Loan to value ratio, 주택 담보 가치 대비 대출금 인정 비율)를 100% 이상 대출해 주고 이것도 모자라 이렇게 확보한 저당권을 유동화(그림자 금융)시켜 버블을 키우다가 버블의 무게를 못 견디고 파산해 금융위기가 발생했던 것이지만 당시의 미국과 비교해 우리나라는 철저하게 LTV와 개인의 소득을 대비시켜 대출금을 정하는 DTI 운용을 정부의 감시 하에 매우 투명하고 철저하게 지켜왔기 때문에 가계대출이 GDP 대비 100%까지 증가해도 은행이 파산할 가능성은 거의 없다. 이러한 요인들이 모두 합해져서 한국은행이 시장의 요구에도 기준금리를 소폭 인상한 이유가 될 것이다.

현재 추가 금리 인상 요인은 많다. 그럼에도 한국은행이 기준 금리 인상 카드를 소극적으로 대처하는 이유는 큰 폭의 금리 인상이 가져올 후폭풍을 두려워하기 때문이다.

이러한 관점에서 미래의 금리를 예측하자면 추가 금리 인상 가능성은 거의 없다고 보고 있다. 미국 역시 경기 전망이 불확실한 상태에서 미국 연준 내의 비둘기파들은 금리 인상에 무게를 두고 있는 매파들을 견제해 나가면서 미국 경제의 연착륙을 기대할 것임으로 미국 연준 역시 큰 폭으로 금리 인상을 하기는 어려울 것이다. 2018년 10월 검은 목요일로 부르는 주가 폭락을 두고 미국 대통령 트럼프가 연준을 맹비난했던 일을 상기해봐라. 미국이나 한국 모두 금리 인상은 매우 조심스럽게 다뤄나가야 할 부분이다. 미국은 양적완화 축소 정책으로 전환했다지만 뒤늦게 양적완화정책에 올라탄 유럽, 일본 등은 여전히 그것을 유지 중이며 일본은행은 2018년 10월 31일에도 일본의 단기 정책 금리를 마이너스 0.1%로, 장기 금리를 "0"로 유도하는 금융 완화정책을 발표했다. 금융위기 이후 선진국들에 의해서 경쟁적으로 추진된 일종의 통화 확대 정책인 양적완화정책은 계속되고 있다. 양적완화 정책으로 시중에 풀린 돈들이 실물경제 이상의 경제 버블을 만들어 내고 있는 것이다. 따라서 금융위기 이후 계속되고 있는 세계적 저금리와 과잉 유동성의 시대는 계속되고 있다고 봐야 한다. 이 흐름에 대한민국 부동산이 있는 것이고. 개인적인 생각으로 거의 폭등하는 수준으로 가격이 오른 지역은 제외하고 도시 재생 사업이 한창 진행 중인 지역, 강북의 구도심 지역, 용산 · 여의도 개발권, 강남의 비소형, 비 재건축 단지들은 아직도 오를 가능성이 높다고 본다. 투자는 개인의 몫으로 개인의 책임 하에 하는 것이다. 여러분이 신중히 판단해서 투자에 성공하기를 기원한다.

■ 총 가계부채의 구성

• 신용 대출   401조원   17%

• 주택대출   725조원   31%

• 2금융권 대출 등 341조원   14%

■ 추가대상 가계부채 875조원

• 전세보증금   512조원   22%

• 임대 사업자   209조원   9%

• 기타 자영업   154조원   7%

총 가계부채 총액 2,342조원 (2018년 3월 말 기준)

자료출처: 한국은행 자료를 기초로 키움증권이 다시 집계한 자료로 주택 담보대출은 일반주담대출, 집단대출, 주택금융공사 대출을 합한 것으로 월세 보증금은 제외한 것임. 자영업자 대출은 키움증권의 추정치임

• 매년 가계부채 규모는 8~9% 정도 증가하는 것으로 추정되고 있다.

:: 미래의 부동산, 그래도 오를 곳은 오른다.

부동산은 다양한 경제 변수에 의해서 가격의 변동이 있어 왔지만 그래도 장기적으로 오른다는 사실만은 진리에 가깝다. 또 핵심지역의 아파트일수록 우상향의 기울기가 현저하게 이뤄져 왔

다는 것이다. 부동산 투자에 있어서 우리는 오를 곳이 어디인지를 몰라서 돈을 벌지 못하는 사람은 아무도 없다. 그러나 투자는 시간을 사는 것이지 상품을 사는 것이 아니라고 했다. 아무리 현존 가치로 따져 최고의 아파트라고 해도 고점에 사서 이익을 남기려면 오랜 시간을 기다려야만 한다. 그래서 부동산 투자는 투자시점이 중요하다고 말하는 것이다. 여러분은 미래의 대한민국 부동산 어디에 투자하는 것이 좋겠는가. 필자는 이 질문을 필자가 전문가 칼럼을 기고하고 있는 국내 최대의 경제 카페 텐인텐의 회원분들에게 "자신이 생각하는 미래가 기대되는 부동산을 말해주세요"라는 제목으로 질의한 결과, 자신이 살고 있는 지역을 떠나 공통적으로 꼽고 있는 지역이 서울 강남권과 경기도 동남권인 판교, 분당, 용인, 광교 신도시, 세종시, 과천, 서울 삼성 역세권, 위례 신도시, 수서 역세권, 평택 고덕 지구, 용산·여의도 개발권 등이었다. 이 질문의 결과가 모든 사람들을 대표하는 것은 아니겠지만 그래도 80만 명에 이르는 회원들이 서로 공유하는 지역을 말해주는 것으로 나름의 객관적 지표는 된다고 생각한다.

이 질문에 답한 회원들의 선호하는 지역을 분석해 본 결과, 부동산 투자자들은 서울, 경기 동남권 선호도가 여전하다는 것이다. 문재인 정부 들어와 남북평화모드가 조성되면서 경기 서북권의 파주 운정, 일산 신도시에 대한 관심은 높았지만 실제 아파트 가격을 분석해보면 이들 지역보다, 전통적으로 강세지역인 서울, 경기도 동남권에 위치한 분당, 판교 신도시와 신분당선 연장의 수혜로 신고가를 다시 쓰고 있는 용인시 동천, 수지, 신봉, 성복, 상현지구 그리고 신분당선 종착역이 있는 광교 신도시가 경기 서북권 지역과 비교해 오히려 가격이 많이 올랐다. 반면 지방권은 거의 모든 지역의 부동산 가격이 하락하는 동안 5대 광역시 중에서 대전, 광주, 대구 등 일부 핵심지역만 올랐다. 이들 광역시의 집값이 오른 것에 대해서 서울 집값이 크게 오르면서 풍선효과를 노리고 서울에서 이탈한 투기세력이 가격 조작을 한 결과였다고 부정적으로 보는 시각이 있는 것이 사실이지만 이것을 떠나서 이제 지방의 부동산은 전체적으로 서울 수도권과의 가격 격차는 패러다임이라고 말할 정도로 고착화되고 있다는 느낌이 든다.

결론적으로 내가 생각하고 있는 미래에 부동산을 주도할 지역은 전통적인 서울 핵심권으로 분류되고 있는 강남 3구, 한강을 축으로 하는 한강 핵심 개발권 내의 마포, 용산, 여의도, 한남, 성수지구와 강남권의 가격 상승으로 인한 반사효과로 강남권 아파트와의 가격 격차를 줄여나가고 있는 비강남, 비소형, 비 재건축 아파트 단지들과 도시재생사업으로 지역 부동산이 리모델링 중인 서울 강북 아파트 단지들이 미래에도 주택시장의 가격을 주도해 갈 것이라고 생각한다. 그러고 보니 서울은 지역을 불문하고 호재가 아닌 곳을 찾아보기 어렵다. 그래서 서울시내에 있는 주택은 서울에 존재하는 것만으로도 호재가 되는 시대다. 지방은 그동안 지방 주택시장을 주도해왔던 부산 경남 등지의 핵심지역들이 지역 내의 산업단지들이 성장 동력을 상실하면서 예전처럼 높은 집값 상승을 기대하기 어려워졌다. 지방은 세종특별자치시, 대전의 도안 택지지구 등 극히 일부 지역에서만 가격이 오를 가능성이 있다. 즉 미래의 부동산 시장을 보는 키워드는 점점 심해지고 있는 서울, 지방간의 부동산 양극화의 문제이고 이것은 또 현실의 문제이기도 하다.

:: 대한민국에서 집이란 존재는 사는 곳(where to live)이 아니라 사는 것(things to buy)이다.

비교적 최근에 분양된 반포, 잠실 재건축 단지, 강남의 수서역 세권에 포함된 세곡, 자곡동, 위례 신도시, 서울의 마지막 대규모 택지 개발 지구인 강서구의 마곡지구, 강동구의 고덕, 둔촌 주공 재건축 단지들은 현재의 시세가 분양가 대비 100% 이상 오른 곳이 많았다. 내 집 한 번 장만하는 것으로 개인의 부의 지도가 바뀌는 현실에서 누가 부동산 투자에 관심을 가지지 않겠는가.

우리가 집을 사는 곳이라는 거주의 공간에서 집을 물건처럼 사고파는 상품이라고 인식하면서부터 대한민국 국민들은 세계 사상 유례없는 부동산 노매드형 인간이 되어 가고 있다. 세계 최대의 부동산 노매드형 인간들의 서식지 대한민국에서는 지금도 경제성이 담보된 집을 찾아서 전국을 떠도는 부동산 노매드형 인간들이 여전히 많다.

이들을 비난만 할 수 없는 것이 부동산 정책을 입안하고 실행하는 공무원 집단들 역시 그들이 소유한 부동산 지역을 조사해 보면 한결같이 강남에 부동산을 소유하고 있거나 아니면 자신이 근무하는 지역에서 가장 핫한 지역에 부동산을 소유하고 있는 것으로 밝혀지고 있다.

요즘은 돈이 세상의 모든 가치에 우선하다 보니 한창 미래를 꿈꿔야 하는 어린 학생들조차 미래의 꿈이 뭐냐고 물으면 건물주가 되는 것이라고 한다. 무언가 잘못 돌아가고 있는 것이 분명하지만 어린 학생의 꿈은 어른들의 살아가는 모습에서 찾는다는 것을 생각해보면 어린 학생들의 생각을 이해하지 못하는 것은 아니다.

우리는 일상생활 속에서 당신의 버킷리스트가 무엇이냐고 물을 때 "강남 아파트에 사는 것"이라고 말하는 사람들을 흔하게 본다. 버킷리스트라는 것은 우리가 일상에서 쉽게 손에 넣을 수 없는 것이기에 강남 아파트가 버킷 리스트 바구니에 담겨 있을 것이다. 그렇다, 대한민국에서 부동산이란 존재가 우리의 미래 꿈이 되어 버린 시대에 우리는 살고 있다. 이 부분에 대한 가치 판단은 유보하는 것이 옳을 것 같다. 이상과 현실의 간극이 너무 크기 때문이다. 대한민국에서 살기 좋은 집과 사야만 하는 집과는 거리가 있다. 이 둘 간의 간극을 줄여나가는 것이 어쩌면 우리가 미래에 그리는 삶이 아닐까 생각해 본다.

:: 대출 규제에 대한 또 다른 생각

정부의 규제정책에서 당장 눈여겨봐야 할 것이 투자자의 유동성 고리를 끊어놓는 대출 규제 정책이다. 정부는 기존의 LTV, DTI 비율을 조정하는 것도 모자라서 개인의 주택 담보 대출금을 포함시켜, 카드사, 신용 대출까지 전체 금융권 대출을 포함시키는 총부채 원리금 상환 비율을 2018년 10월 31일을 시작으로 적용시켜오고 있다. 이에 따라서 DSR 비율이 70% 이상인 사람들은 대출을 받고자 할 때 본점에 승인을 받아야 하게 됐다. DSR 비율이 90%에서 120% 이내에 있는 사람들은 은행에 따라서 대출이 자동적으로 거절된다.

    은행권의 전산망이 아무리 진화되었다고는 하지만 2018년 6월 현재 독립채산제로 운용되는 새마을금고의 숫자가 1,311개에 이르고 단위 농협은 4,535개에 이른다. 여기에 신협 단위 수협까지 합해 놓으면 금융회사가 독자적으로 대출을 해주는 곳이 전 금융기관을 포함해 만여 곳에 이른다. 금감원의 전산망과 운용인력이 얼마나 되는지 모르겠지만 금감원이 실시간으로 전 금융회사를 대상으로 실시간 모니터링을 하는 것은 현실적으로 거의 불가능에 가깝다고 볼 수 있다. 또 금융회사들은 모두 민간회사들이다. 그들은 그들의 영업결과에 의한 자체 내의 유동성을 기초로 대출을 운용할 수밖에 없다. 그러니까 정부의 통제와 상관없이 그들의 이익이 되는 한에서 대출 상품을 취급하는 것이다. 정부가 모든 금융기관의 여신을 통제한다는 것은 자금 과부족 시대의 관치금융시대에나 가능한 것으로 정부의 대출 규제정책이 만능 통치약은 아니라는 사실이다.

    2018년 11월 3일 KB국민은행의 월간 주택 가격 동향에 따르면, 서울 아파트 평균 매매가격이 2018년 10월 말 기준으로 8억 429만 원이라고 한다. 이는 국민은행이 통계를 작성하기 시작한 2008년 12월 이후 9년 10개월 만에 처음으로 8억 원을 돌파한 것이다.

서울 아파트의 평균 매매가는 2018년 들어와서 10월 말까지 1억 4,283만 원 올라 21.6%나 올랐다. 강남권은 9억 8,540만 원으로 강북권의 평균매매가는 5억 9158만 원으로 6억 원에 육박하고 있다. 아파트, 단독, 연립주택을 포함한 강남권의 평균 집값은 8억 1,110만 원이고 서울 전체의 평균 집값은 6억 687만 원이다. 이렇게 서울 집값이 고공 행진을 하면서 나오는 소리가 싼값의 집 여러 채를 가지고 있는 것보다, 다 팔아서 서울에 똘똘한 집 한 채를 갖고 있는 것이 복잡한 세금 문제에 시달리지 않아도 된다는 말이 나오는 배경 아니겠는가. 이런 분위기가 확산되어 서울 집에 올인 하겠다는 사람들이 많아지면 서울 집값은 계속 오르고 서울과 지방간의 양극화 현상은 더 심화되어 가고 있다. 예전에 사람은 출세 하기 위해서 서울에 살아야 한다는 말이 있었지만 이제는 부동산으로 돈을 벌고 싶다면 서울에 올인하라는 말이 설득력 있는 말이 되고 있다.

　　집값이 이렇게 계속해서 오르고 있는데 대출 규제를 강화하면 현금을 손에 쥐고 있는 부자들만 부동산 투자 기회가 확대된다. 물론 정부의 대출 규제가 강화된다고 해서 대출받을 것을 못 받을 일은 거의 없다. 다만 이 흐름 속에서 실수요자들의 서울 집 장만하는 일이 점점 더 어려워지게 되어 부자와 서민 간의 역차별이 발생하는 것이 아닌가 하는 생각을 하게 된다.

서울 아파트의 평균 매매가가 8억 원을 넘어섰다. 과연 이 큰 돈을 레버리지 없이 자신의 돈만으로 살 수 있는 서민들이 얼마나 되겠는가. 그들의 입장에서 보면 지금의 대출 규제 정책은 부자들에게만 유리한 정책일 수가 있다.

대한민국의 모든 국민이 부동산에 목매어 살고 있는 현실에서 정부의 강경한 부동산 정책이 부동산을 잡을 수 있다는 정부의 생각은 시장을 모르고 말하는 순진한 생각이다. 노무현 정부 임기 동안 17차례의 부동산 대책을 내놨었다. 그러나 집값이 잡혔었는가? 문재인 정부 들어와서도 9.21 공급 확대 정책까지 9차례의 부동산 정책이 있었다. 그러나 정부의 부동산 정책이 집값을 잡은 것이 아니라 시장의 유동성, 금리 인상 등의 변화로 투자자의 심리가 바뀌어 부동산 시장의 흐름이 전환된 것이지 시장이 다시 저금리 과잉 유동성 장세가 가시화되는 시점에서는 부동산 가격은 언제고 다시 요동칠 수가 있는 것이다. 그러니 당장의 현상에만 주목해서 과도하게 시장을 비관적으로 보는 것은 시장의 흐름을 놓치는 결과로 이어질 수 있다.

대한민국의 부동산은 정부의 부동산 정책과 상관없이 오를 시점이 오면 반드시 오른다. 독자 여러분들이 그 기회를 선점하는 현명한 투자자가 되기를 기원한다.

차 례

제2장. J노믹스 시대의 부동산 투자

제3장. 부동산의 미래, 무엇을 어떻게 투자할 것인가.

제4장. 대한민국에서 집은 사는 곳이 아닌 사는 것

제 **1** 장

2019년 이후 대한민국 부동산의 미래를 예측한다.

1. 이것이 미래의 부동산 투자다

정부가 다주택자의 양도세 중과와 대출 규제 정책을 강력하게 추진하면서 거래 절벽 현상이 벌어지고 있다. 정부는 2019년부터 공시지가 현실화 정책을 시행해 다주택자의 종부세 부담을 늘리는 보유세 인상을 고려하고 있다. 과연 이러한 정부의 부동산 규제정책이 부동산 가격을 언제까지 하락 시킬 수가 있을까. 정부는 부동산 규제정책을 발표할 때마다 부동산 규제정책이라고 말하지 않고 부동산 안정화 대책이라는 문구를 사용한다. 이것으로 유추해보았을 때 정부는 부동산이 급등하는 것도 원하지 않지만 또 급락하는 것도 원하지 않는다. 말 그대로 적당한 수준에서 부동산 경기가 유지되기를 희망하고 있다.

금리 인상이 가시화되면 대출받아 부동산에 투자했던 사람들이 가장 큰 타격을 받게 될 것이다. 이자 부담을 못 견딘 일부 투자자들의 매물이 쏟아져 나올 가능성이 높다. 부동산 시장이 위축된 상황에서 대출 규제는 점점 강화되고, 금리마저 오른다면 부동산 시장을 관망하는 분위기가 가격 보합세로 이어지고 결국에는 하향세로 진입하게 되는 것이다.

종부세 인상 법안의 국회 통과 여부와 수도권 3기 신도시 공급도 변수다. 종부세 인상안이 국회를 통과하면 고가주택을 보유한 저소득자, 은퇴자들은 집을 팔고 가격대가 낮은 주택으로 갈아탈 가능성이 커진다. 새로 공급될 수도권 아파트의 위치에 따라서 향후 집값과 부동산 거래에 영향을 미칠 것이다.

미친 듯이 올랐던 서울 집값의 발원지인 강남 아파트의 가격은 떨어지고 있다. 한국감정원이 발표한 아파트값 동향 분석 자료에 의하면, 서울 강남 3구의 아파트 가격은 모두 하락하고 있다. 강남 집값이 폭등하면서 강남 아파트와의 가격 격차를 줄여나갔던 마포, 은평, 서대문, 도봉, 노원구 등의 아파트 가격 역시 상승폭이 낮아지고 있다. 지방에서는 광주, 대구 대전의 일부 핵심지역을 제외하고는 거의 모든 지역에서 아파트 가격이 떨어지는 추세에 있다.

수도권의 핵심지역으로 분류되는 경기 과천, 분당, 광명, 판교, 분당 신도시 역시 가격 상승세가 주춤하고 있다. 2014년 이후 집값이 크게 올라 대출받아 집을 장만하는 일이 부담스러워졌는데 여기에 대출마저 더 강화되고 있으니 선뜻 빚내서 집을 사는 것이 쉽지 않은 일이 되고 있다. 금리 인상과 수도권 신도시 추가 공급정책이 향후 집값의 미래를 결정하는 주요 변수다.

9.13 조치 이후 심리적으로 위축된 부동산 시장이 금리 인상과 대출 규제가 맞물리면서 거래량도 감소하고 있다.

대출 규제가 본격화되고 기준금리 인상이 현실화되는 시점에 부동산 매수 시장에 대한 심리적으로 위축될 가능성이 더욱 커졌다. 대출을 통한 부동산 자금 마련이 어려워지면서 구매력을 잃은 수요자들이 늘어날 것이다. 금리 인상이 단행되면 경기 불황에 대한 심리가 확산되고 투자시장 역시 악화될 가능성이 커진다. 앞으로 부동산 시장은 급하락하는 수준은 아닐지라도 조정국면으로 진입한 것이 분명해 보인다. 이 흐름 안에서 우리는 무엇을 어떻게 투자할 것인가. "투자시장에서 남들이 욕심낼 때는 침묵하고 남들이 관망세로 돌아섰을 때 욕심내라"라는 말이 있다. 이 말을 곰곰이 생각해보면 시장이 냉각되었을 때 그동안 가격이 너무 올라 선뜻 매입하기 어려웠던 물건들을 싼 가격에 매입할 수 있는 좋은 기회가 되기 때문이다. 부동산은 사두면 오른다. 그러나 투자시점이 중요하다. 지금 여러분이 사는 지역들을 상세히 알아보라. 미래에 지역을 주도할 물건이 보이지 않는가. 부동산 오를 곳은 시간이 문제이지 반드시 오른다.

2. 불확실한 정부의 정책이 버블을 키웠다.

필자는 2014~2018년의 투자공간에서 서울 집값이 급등했던 이유를 금융위기 이후 지속되어온 선진국들의 양적완화정책과 극단적인 마이너스 금리정책으로 인해 세계적으로 저금리 흐름이 계속되면서 확대된 유동성이 세계경제의 버블을 키웠고 이 투자공간에 우리나라 부동산 시장이 있었던 것이라고 강조해왔다. 물론 전 정부의 "빚내서라도 부동산을 사라"라고 했던 부동산 부양 정책이 직접적인 발화지점이 되면서 그동안 관망하던 세력들이 본격적으로 부동산에 투자해 서울 집값이 예상 이상으로 폭등한 것이 사실이다.

한국은행의 기준금리가 1.75%에 멈춰져 있고 은행예금의 표면금리가 2.0%에 머물러 있는 시점에 상대적으로 풍부한 유동성이 어디를 향해 가겠는가. 바로 부동산이다. 그중에서 부동산 중에서는 가장 안정하다는 서울 아파트에 유동성이 집중되면서 서울 집값이 크게 오른 것이지 정부의 정책이 잘못돼서 서울 집값이 급등했던 것은 아니다. 2019년 폭등했던 서울 집값이 하락세로 전환된 이유 역시 미국금리 인상 여파가 상당 부분 영향을 미쳐, 부동산 시장이 심리적으로 얼어붙으면서 부동산 시장이 냉각되기 시작한 것이지 정부의 9.13 정책 때문에 부동산 경기가 냉각된 것이 아니다. 문제는 정부가 이 흐름의 인사이트를 정확히 인식하지 못하고 규제정책을 난발함으로써 스스로 시장의 신뢰를 상실한 것이다.

정부는 부동산이 급등하면 급등한 이유에 대해서 근본적인 원인을 분석하고 대책을 내놓는 것이 아니라 여론을 의식해 일시적인 처방으로 규제정책을 난발한다. 정부의 규제정책은 이제 식상한 레퍼토리에 불과하다. 이제 정부의 정책 방향을 누구나 알 수 있을 정도다. 정부는 부동산이 급등하면 일단 대출 규제지역을 지정하고, 이곳에 대출 규제 정책을 집중한다. 그리고 이것이 안 먹힐 때에는 주택 보유세와 거래세를 강화하는 조치를 취해 다주택자들을 압박한다. 그래도 안 먹힐 경우는 신도시 개발 등의 대규모의 주택 공급대책과 구도심 개발 정책을 발표한다.

반대로 주택 가격이 급락하게 되면 정부는 시장 친화적인 정책으로 선회하고 다주택자에 대한 세제 혜택을 부여한다. 돈이 없는 무주택자를 위한 대출 규제 조건을 대폭 완화시켜 빚내서라도 집을 사라고 강권한다.

해방 이후 한국경제는 그 대상이 주택 토지를 불문하고 장기간에 걸쳐 가파른 우상향의 기울기를 보여줘 왔다. 따라서 부동산은 한 번 사두면 언젠가는 오른다는 부동산 불패신화를 투자자의 머릿속에 각인시켜왔던 것이다. 실제로 투자수익률로 따져서 부동산은 금융, 주식과 비교해 압도적인 수익률을 보여온 것이 사실이다. 지금도 이 사실에는 변화가 없다. 단지 핵심 개발 축이 바뀌었다는 것과 서울 수도권 집중 현상이 점점 더 심화되고 있다는 것이다. 앞으로 부동산 시장은 세계적인 돈(유동성)의 향방, 정부의 정책, 거시경제 지표, 공급물량에 따라서 부침을 겪을 것이다. 그러나 분명한 진리 한 가지는 그럼에도 대한민국 부동산은 오른다는 사실이다. 부동산 가격의 부침에 일비일희하지 마라. 부동산 투자는 장기적인 관점에서 투자하면 언제든 개인을 부자로 만들어주는 효자 상품이다. 이번 부동산 시장의 침체도 이런 관점에서 봐주기를 바란다.

1978년에 입주한 서울 서초구 한신 2차 아파트는 현재 분양가 대비 146배나 올랐다. 이 아파트는 1978년 분양 당시의 분양가가 3.3m²(평)당 43만 1,000원이었으나 2018년 8월 호가는 3.3m²(평)당 6,272만 2,000원이 되었다. 이곳만 그런가, 현재는 강남의 랜드마크가 된 도곡동의 타워 팰리스는 분양 당시에는 3.3m²(평)당 900만 원에 분양되었으나 지금의 시세는 분양가의 5배를 넘어서고 있다. 앞에 열거한 지역 이외에도 최근 5년 사이에 서울에 분양된 아파트들은 단기간에 집값이 분양가의 두 배 이상 오른 것이 셀 수 없이 많다. 이러니 그 누가 집을 사는 곳이라고 인식을 하겠는가. 대한민국에서 집이라는 존재는 사는 곳을 넘어서서 그 자체가 가장 훌륭한 투자 상품이다. 그래서 대한민국에서는 집은 사는 곳이 아니라 사는 것이라는, 일반 재화처럼 상품의 개념이 투자자들 머리 속에 확고하게 자리 잡고 있는 것 아니겠는가.

앞서 말한 대로 주택 가격은 계속 올라왔다. IMF 외환위기, 2008년의 서브프라임 금융위기 등 금융위기가 오면 집값이 추락하는 것을 누구도 막을 수가 없다. 그러나 이러한 불가항력적인 상황이 아니라면 집값은 항상 올라왔다. KB국민은행의 통계시스템 리브온 자료에 의하면 외환위기 당시인 1997년 전국 부동산 가격은 12.8%나 하락했고 서울은 전국 평균치보다도 높은 14.3%가 하락했다. 최근 서울 집값의 폭등으로 서울, 지방간의 가격 양극화가 심화됐다고 말하지만 금융위기 이후인 2009년 10월부터 2013년까지 부산, 대구, 울산, 대전의 집값은 오히려 가격이 올랐다. 부동산 가격의 앞날은 아무도 모르는 것이다. 그러니까 지방 부동산은 인구 절벽으로 끝났다고 하는 것도 시장을 잘못 보는 것일 수도 있다. 다만 우리는 후행지표와 몇 가지 드러난 사실을 근거로 시장을 전망하는 것이지 이것이 절대적으로 맞는 것은 아니다.

2009년 10월에서 2013년 10월 기간에 아파트 매매가격은 서울은 8.8% 하락한 반면 5대 광역시의 아파트 가격은 39.6%나 상승했다. 주택 가격은 전국이 일제히 오르기도 하고 또 내리기도 한다. 지방이 오르고 서울 등 수도권이 하락하는 시기도 있다. 서울만 나홀로 고공행진하는 사례도 있다.

부동산 시장에서의 주택 가격은 국내외의 경기와 금리, 정부의 부동산 정책 등이 종합적으로 작용해 가격이 오르기도 하고 내리기도 한다.

정부가 추진할 수 있는 부동산 정책은 수요 억제 정책과 공급 확대 정책이 있다. 세제정책이나 대출정책 등을 통해 사자 세력의 유동성을 확대시키거나 주택 공급량의 조절을 통해 부동산시장의 안정을 꾀하려는 것이 정부의 정책 방향이다. 정부의 부동산 정책 수단은 다양하지만 방향은 일관적이다. 즉 시장이 냉각되면 부양책을, 시장이 과열되면 규제정책을 내놓는다.

노무현 정부 당시 정부는 오르는 집값을 잡겠다고 임기 동안 17차례의 부동산 규제정책을 내놓았다. 종합부동산세와 주택 거래 신고제를 시행하고, 분양가 상한제의 전면 실시, 분양원가 공개 추진, 후 분양제 실시, 전매 제한 강화, 양도세 중과, 청약 가 점제의 실시, 등 가용할 수 있는 모든 정책을 통해 집값 잡기에 올인했었다.

그러나 임기 내에 집값은 잡히지 않았다. 이명박, 박근혜 정부 가 집권하면서부터는 반대로 부동산 부양 정책으로 일관했다. 전 국토의 19%가 넘는 토지 허가 구역을 9% 수준으로 낮추고 서울 도심권과 경기도 50만 인구 7대 도시에서는 뉴타운 재개발 사업 을 추진했다. 박근혜 정부 들어와서는 분양가 상한제 폐지, 재건 축 초과 이익 환수제 유예, 세제 및 대출 조건 대폭 완화, 기준 금리 인하 정책을 통해 정부가 돈이 없는 사람도 빚을 내서라도 부동산을 사라고 부추겼다.

문재인 정부 들어와서는 다시 부동산 시장을 규제하는 정책으 로 선회했다. DTI, LTV 대출 비율을 높이고, 총부채 원리금 상 환 비율을 뜻하는 DSR을 도입했다. 분양가 상환제 적용 주택을 확대하고, 재건축 초과 이익 환수제를 부활시키고, 무주택자를 우선으로 하는 청약 제도를 개편하는 등의 강력한 부동산 규제 정책을 펴고 있다. 정부의 강력한 규제정책을 편다고 해서 주택 가격이 안정화되고, 부양책을 쓴다고 부동산 시장이 곧바로 달아 오르는 것이 아니다. 다 시점이 맞아떨어져야 하는 것이다.

노무현 정부 당시 정부는 강력한 부동산 규제 정책을 실행에 옮겼지만 전국의 아파트 가격은 33.8%, 서울은 56.6%가 올랐다. 문재인 정부 들어와서도 8.2 부동산 대책 이후 서울 아파트 가격은 오히려 18.33%가 뛰었다.

　경제는 불확실성이 커지면 혼란이 가중된다. 미래의 예측이 불확실한 상태에서는 가격의 변동성은 더 커지기만 한다. 정부의 정책이 시장의 신뢰를 상실하게 되면 그래서 시장의 불확실성은 더 커지게 되는 것이다.

　우리나라 역대 정부의 부동산 정책은 매번 시장의 흐름에 뒷걸음치는 식으로 전개되어 왔다. 주택 가격이 오르면 규제정책을 내놓고, 반대로 부동산 시장이 하락하면 부양책을 발표하는 것이 이에 해당된다. 정부는 경기 조절의 수단으로 부동산 정책을 펼 것이 아니라 장기적인 관점을 가지고 주거안정에 중점을 두는 정책을 장기적으로 일관성 있게 추진하여 시장의 신뢰를 회복해야 한다.

　정부의 부동산 정책은 경기 조절의 수단이 돼서는 안된다. 국민의 주거안정에 초점을 맞추어야 한다. 경제 흐름에 따라 규제와 완화정책이 냉탕과 온탕을 오고 가면 시장 내에 있는 투기 세력의 내성만 키우는 결과를 초래할 수 있다. 정부가 주택시장을 경기 조절의 도구로 삼으면서 정부의 정책이 투기꾼들에게 그들만의 놀이터를 만들어 주는 결과를 낳고 있는 것이다.

　정부는 일관된 계획 하에 주택시장을 장기적으로 안정화 시키는 정책을 집행해야 한다. 장기적이고 일관된 부동산 정책은 투기 세력들에게 부동산을 통한 시세차익이 한계가 있다는 시그널을 던져주는 것이다. 현재 대한민국에서 부동산은 재산증식의 최고 수단이 되고 있음으로 정부의 강력한 정책이 이반을 갖고 올 수 있다. 그러나 정치권이 이러한 투자자의 심리를 이용해서 오히려 부동산 개발정책을 남발하고 있기도 하다. 무엇이 맞는 것인지 잘은 모르겠지만 부동산 투자로 개인의 부가 결정된다는 현실은 우리의 부동산 문화가 잘못돼도 한참 잘못되고 있다는 생각을 하게 만든다. 그렇다고 부동산 공 개념을 도입한다면 소득 계층이 낮은 국민조차 들고일어날 것이다. 대한민국에서의 부동산 정책은 인간의 이성과 탐욕 사이에서 외줄타기를 하는 것만 같아 언제 추락할지 아슬아슬하기만 하다.

3. 투기세력이 부동산 가격을 조작한다.

투기세력이 활발히 활동하는 시기는 부동산이 급등한 이후부터 본격적으로 진행되는 것 같다. 서울 집값의 폭등이 일단락되자 일부 광역시의 집값이 뚜렷한 호재가 없었음에도 높은 가격 상승이 있었던 배경에는 어김없이 투기세력이 그 배후에 있었고, 이것은 이제 사실에 근거한 얘기가 되고 있다. 지난 10년간의 전국 집값 상승의 배경에는 어느 곳이나 외지인들의 거래량이 증가한 것으로 확인되고 있다. 이들 중 상당수가 전국을 돌아다니면서 갭 투자를 하는 세력으로 추정되고 있다. 갭 투자는 매매가와 전세가의 차이가 작은 집을 골라서 전세를 안고 그 소액의 차이를 이용해 매입한 후 집값이 오르면 시세차익을 노리는 투자를 말하는 것이다.

이 세력들은 이번 서울 집값 폭등에도 불구하고 가격이 추락했던 일부 지방권의 부동산 가격을 크게 올려 실 투자자로 하여금 부동산 시장의 흐름을 왜곡되게 바라보게 하는 요인이 되었던 것이 사실이다. 갭 투자 세력들은 실수요자가 아니고 투자 지역을 전국 단위로 해서 투자를 목적으로 주택을 매입하는 세력들이다.

2018년 11월 4일 한국감정원이 거래량을 통계로 작성하기 시작한 2006년부터 2018년 8월 말까지 전국을 대상으로 외지인 거래량을 조사한 결과 갭 투자 세력들은 지난 10년간 무리지어 다니면서 서울을 포함한 전국의 주요 아파트들을 사들였던 것으로 조사됐다.

전국 주요 지역의 아파트값 변동 추이 (단위: %)

지역/해당년도	2006년	2008년	2010년	2011년	2014년
서울	24.1	3.2	-2.2	-0.4	1.9
부산	-0.7	4.1	16.6	22.4	1.6
대구	1.2	-3.1	2.0	14.9	7.8
대전	-2.0	0.6	9.5	19.1	0.5
울산	14.7	-0.8	4.1	17.6	3.6

위에 도표에서 보듯이 갭 투자 세력들은 서울의 집값이 급등했던 2006년에는 서울 부동산을 집중적으로 매입했다. 한국감정원에 따르면 2006년도에는 전국 아파트의 평균 가격이 2005년 대비 13.8% 이상 급등했다고 한다. 이 기간에 서울은 집값이 24.1% 올랐다. 강남권의 재건축 단지, 신축 중대형 단지 등에 투자수요가 집중되면서 집값이 크게 오른 것이다.

서울 부동산 가격이 크게 오르면서 서울 아파트를 매입한 외지인들도 크게 늘었다. 2006년 11월 기준으로 외지인이 매입한 서울 아파트는 4,873가구였다. 서울의 12년간 외지인 투자자들의 거래량 1,273가구의 4배에 이르는 수치다. 2006년 한 해 동안 서울 아파트 거래량의 6분의 1이 외지인들에 의해 거래가 됐다. 서울 집값이 너무 많이 오르자 2년 후 갭 투자 세력들은 부산으로 넘어갔다. 2008년 4월 기준으로 외지인이 매입한 부산 아파트는 1,188가구였다. 이는 관련 통계가 잡히기 시작한 이후 처음으로 1,000가구를 넘어선 것이다. 지난 12년간 부산 아파트의 외지인 월평균 거래량은 530건으로 거의 두 배가 넘는 것이다.

전년대비 아파트값이 16.6%나 급등했던 2010년에는 외지인 거래가 9,031건으로 정점을 찍었다. 이는 2006년의 4,198건과 비교해 2배 가량이 늘어난 것이다.

이후 갭 투자 세력들은 대구와 울산, 대전으로 이동했다. 2011년 대구와 울산 아파트 가격은 2010년 대비 각각 14.9%, 17.6% 급등했다. 이 시기 대구 아파트의 외지인 거래 역시 1만 1,267건으로 크게 늘었다. 통계 집계 후 최고 수치를 기록했다. 2012년 8월 울산 아파트의 외지인 거래 역시 평균 213건의 6배인 1,250건이 성사됐다. 2011년 한해 아파트값이 19.1% 급등한 대전에서도 외지인 거래가 9.6% 증가한 5,320건이었다.

2013년 중반 이후 갭 투자세력들은 다시 서울로 진입했다. 지방 부동산이 한계에 이르렀다는 판단 아래 서울 집값이 바닥이던 때를 틈타 서울로 입성한 것이다. 2012년 외지인이 매입한 서울 아파트는 7,287가구였지만 2014년 1만 4,657가구, 2015년 2만 3,742가구로 급증하기 시작했다. 전 정부의 부동산 완화정책이 서울 집값을 상승시킨 직접적 원인이었지만 공교롭게도 갭 투자세력이 서울에 집중하던 시기와 맞물려있다. 글로벌 금융위기 이후 정보 유통의 속도가 빨라지면서 갭 투자세력이 특정지역에서 벗어나 전국을 대상으로 활발하게 활동하고 있다. 갭 투자 세력들은 입주물량이 적은 곳을 찾아 흡사 초지를 찾아 이곳저곳으로 이동하는 유목민들처럼 새로운 먹잇감을 찾아 전국을 떠돌고 있다. 최근에 이들의 정보 발원지는 부동산 카페를 만들어 회원을 유치하고 유튜브 동영상을 퍼트리는 세력이 주도하고 있다.

그러나 이들 세력의 가격 조작이 매번 성공하는 것은 아니다. 부동산 시장의 내부적 요인보다 외부적 요인에 의해 가격이 더 많은 영향을 받기에 그렇다. 전세가와 매매가의 차이를 이용해 갭 투자를 한 후 부동산 가격이 급락하게 되면 손절매 시기마저 놓치는 예가 허다하게 발생하기 때문이다. 변화무쌍한 부동산 시장에서 일부 투기 세력이 무리 지어 가격을 조작한다는 것이 가능한 일이 아니다. 그리고 갭 투자에 막차로 올라탄 사람들은 그

피해를 고스란히 안을 가능성이 높다.

　투자라는 것은 그것이 단지 부동산이 아니더라도 시간을 지배하는 사람이 성공하는 법이다. 시간을 지배한다는 것이 무엇인가. 되도록 자신의 여윳돈에서 장기적 관점으로 투자를 하는 경우, 시장의 변동에 영향받지 않고 자기가 원하는 가격에 되팔 수가 있는 것이다. 부동산 투자는 장기적 관점에서 정상적인 방법으로 투자하는 사람이 결국에는 성공하는 법이다. 남들이 편법적 방법으로 성공했다고 그들을 따라 하지 마라. 그들의 성공은 항상 과장되어 있고 그들의 말에 귀 기울이는 당신을 희생자로 삼을 가능성이 높다.

4. 세계적 양적완화정책의 나비효과

최근 들어 느끼는 소회감인데 글 쓰는 일이 이렇게까지 부담스러운 적인 없었다. 20년 전 내가 처음으로 글을 쓸 때만 해도 당시에는 인터넷이 없었기 때문에 책을 쓰기 위해서는 일일이 도서관에 가서 자료를 찾고, 이를 수기로 일일이 다시 자료를 정리할 때까지의 시간이 적어도 두 달 이상의 지루한 작업을 한 다음, 다시 이 자료들을 기초로 해서 글을 써야만 했다.

그래서 경영 경제 작가의 진입장벽이 높았고, 책의 평균 판매 부수도 높았다. 그러나 지금은 이 고단한 작업을 인터넷을 통하면 단 며칠에 끝낼 수가 있고, 누구나 자료를 찾고 볼 수 있기 때문에 만인이 전문가가 되는 시대다. 그래서 이 시대는 전문가는 없고 만인이 정보를 생산하고 공유하며 소비하는 웹 2.0의 시대라고 말하는 것은 아닐까.

우리나라의 주식 계좌수가 경제 활동 인구 수보다 많은 2,800만 계좌에 이른다고 한다. 데이 트레이딩을 해 보신 분이라면 다들 알겠지만 우리나라에서는 주식 전문가가 아닌 사람이 없다. 그래서 소위 전문가라고 자처하는 사람들과 시장의 일반투자자 간에 실력에서 오는 차이가 없다. 같은 자료를 동시에 읽는데 따르는 문자 해독률의 차이가 없다면 말이다.

결론적으로 내가 하고 싶은 말은, 나는 전문가가 아니라 독자 여러분과 동시대, 동 시간에 부동산 시장을 바라보는 일개 개인에 불과하다는 것이다. 다만 내가 여러분들보다 나은 점이 있다면 그래도 20년 이상을 이 분야에서 한 우물을 파왔기 때문에 경험 자본 부분에서는 우위에 있다는 점과 나름의 시장을 보는 인사이트가 있다는 정도지, 내 말이 시장의 미래를 정확하게 예측한다는 절대성은 가지고 있지 않다. 과연 누가 이 변화무쌍한 시장의 변덕을 분석하고 미래를 예측할 수 있단 말인가. 그러니 내가 하는 말은 시장을 보는 다양한 시각 중의 하나 일뿐 절대성은 가지고 있지 않다는 말을 먼저 드리고 글을 전개해나가고자 한다.

나는 그것이 부동산이든, 주식이든, 아니면 금융이든 간에 투자 상품의 절대성은 없다고 믿는 사람이다. 내가 사회생활에 입문한 후 내 기억이 정확하다면 사회생활을 하는 동안 네 차례 시장의 펀더멘털에는 문제가 없었으나, 금리 그리고 금리의 변동으로부터 오는 유동성의 향방에 따라서 투자 상품의 가치가 춤을 추는 것을 지켜보았다.

그리고 꼭 그 시점에 대한민국의 부가 재편되는 것도 목격했다. 따라서 금융위기라는 유동성의 쓰나미 속에서 남들은 자신이 보유하고 있는 우량자산을 떨이로 파는 와중에 또 그 누군가는 공포에 떨지 않고 그들이 땡처리해서 내놓은 우량자산을 헐값에 매입해 일생일대의 부를 이루었다는 것이다.

실제 IMF 금융위기 당시 투금사(현재의 종금사)에 근무하던 내 선배들은 회사가 거덜 나는 판국에 자신이 담당했던 우량 기업의 회사채를 똥값에 쓸어 담아 지금까지도 편하게 먹고산다. 또 이 시기에는 핵심지역의 부동산 역시 땡처리되어서 시장에 나왔으니 당시에 유동성을 확보하고 있던 사람들은 아마도 다들 부자가 됐을 것이다.

그래서 금융위기는 준비된 사람들에게는 기회라는 말을 하는 것이다. 문재인 정부 들어와서 9.21 수도권 부동산 공급 정책까지 포함시켜 무려 9차례나 부동산 정책이 발표되었다. 이는 임기 내내 17차례의 부동산 규제정책을 발표한 노무현 정부에 비교하면 문재인 정부의 부동산 정책은 어쩌면 노무현 정부보다 더 많은 부동산 대책을 내놓고 임기를 내려놓을 수도 있다.

정부는 이미 9차례에 이르는 부동산 대책을 발표했음에도 부동산 가격은 잡히지 않고 오히려 서울 집값만 폭등해왔다. 시장의 전문가라고 자처하는 사람들과 정부는 문제 해결의 방법을 같은 시각에서 찾고 있는 것으로 보인다. 그러니까 다주택자에게 강력한 세금을 부과하고, 가수요를 막기 위한 대출 규제로 유동성의 고리를 끊고, 서울 수도권에 공급을 확대하면 부동산 시장이 질서를 잡아갈 것이라고 보는 시각에서 정책을 수립하고 있는 것이다. 여러분도 그들과 같은 생각을 하는가.

지금 정부의 규제정책이 정부의 기대대로 효과는 발휘하지 못하고 오히려 서울 집값의 폭등으로 서울 대 지방간의 양극화만 심화시키고 있는 이유를 정말 모르겠는가. 서울 집값의 폭등은 수요에 절대적으로 못 미치는 공급량도 일조를 하였겠으나 이는 부분적인 것이고, 정말 서울 집값이 급등하는 것은 2008년 금융위기 이후 전개되어온 세계적인 저금리 현상, 이로 인한 세계경제의 과잉 유동성이 인구 절벽에도 불구하고 서울 핵심지역의 부동산에 거품을 만들어 왔기 때문에 발생한 것이다.

그러나 시장에서는 스테레오 타입하게 이번 서울 집값 폭등도 시간이 흐르면 잡힐 것이고 그 후에는 추락할 것을 예상하기도 한다. 실제 정부의 9.13 조치 이후 부동산 시장이 안정세를 보이고 있다. 그러나 이것이 끝이 아니다. 현재도 미국을 제외한 주요 선진국 경제가 여전히 양적완화정책을 고수하고 있고 극단적인 마이너스 금리정책을 고수하고 있다.

최근의 일본 경제 부흥도 이 흐름과 맞물려있는 것이다. 일본은 지금까지도 마이너스 금리 정책을 고수하고 있다. 우리는 세계경제에서 환율, 금리 그리고 유동성이 투자 상품의 가치를 결정하는 데 있어서 얼마나 절대적인 영향을 미치는지를 알고 있어야 한다.

20년 전 일본 경제가 호황으로 대 미국 무역거래에서 흑자가 엄청나게 늘어나자, 미국은 일본에 대하여, 현재 벌어지고 있는 미국 중국간의 무역전쟁과 맥을 같이 하는 플라자 협정을 맺어 일본을 압박하자 일본은 급격한 엔화 강세 현상으로 인해 경제가 악화되면서 결국 무너져 우리가 흔히 말하는 일본의 '잃어버린 경제 20년'이 시작된 것이다.

이후 일본 경제는 추락에 추락을 거듭하다 최근 들어 통화량 확대 정책인 양적완화정책과 극단적인 마이너스 정책을 밀어 붙이면서 이제 겨우 살아난 것이다. 결론적으로 서울 집값이 잡히기를 국가 미래를 위해서 나도 원하고 있지만, 세계경제 흐름이 돌아가는 것을 냉정하게 분석해볼 때 단순히 많이 올랐으니까 떨어질 것이라는 논리에는 찬성하기 어렵다.

　이번 서울 핵심지역의 집값 폭등으로 서울의 비강남, 비고가, 비재건축, 비소형 아파트는 풍선효과로 인해 고가 아파트와의 가격 차이를 줄이는 현상이 나타나고 있지만 지방에서는 인구 절벽, 내수 절벽으로 인해 풍선효과가 발생하지 않고 있다. 현재 시장의 유동성이 부동산을 떠나 주식시장으로 이동하고 앞으로 있을 금리 인상을 예상해 채권시장으로 돈이 이동한다고 한다. 물론 이 말은 근거가 있는 얘기이다. 그러나 개인적으로 현재의 부동산 시장에서 나타나고 있는 흐름, 즉 정부의 규제정책에도 서울 집값은 크게 하락하지 않을 것이며, 서울과 지방간의 가격 양극화는 더욱 심화될 것이라는 것이다.

　2017년 초까지만 해도 아파트 평균 매매가격이 3.3㎡(평)당 5,000만 원이 넘었던 곳은 서울에서도 강남 3구 중에서도 서초구가 유일했다. 사람들은 이 지점이 꼭짓점이라고 분석했다. 그러나 그 후 시장은 어떻게 변했나. 강남 3구가 아니더라도 서울 핵심개발 축의 아파트 단지 중에서는 3.3㎡(평)당 1억 원을 호가하는 지역이 속출하고 있다. 그래서 서울 집값이 미쳤다고 표현하는 것이다.

9.13 부동산 대책 이후 미친 듯이 올랐던 서울 집값은 잠시 소강상태로 있다. 여기서 사람들의 시각은 둘로 나눠지는 것 같다. 여기가 끝으로 이제 추락하는 일만 남았다고 하는 사람도 있는 반면 이 소강상태가 끝나면 서울 핵심권역은 다시 집값이 오를 것이라고 보는 시각이 그것이다. 여러분이라면 어디에 무게 중심을 두겠는가. 나는 개인적으로 이 부분에 확답을 못 드리겠다. 유동성의 고리가 살아 있기는 하지만 정말 최근 3~4년간 서울 집값이 너무 올랐기 때문이다. 따라서 향후 한국은행의 추가 기준금리 인상 여부, 정부의 대출 규제 등의 영향이 부동산 시장에 얼마만큼의 영향을 미치는지 지켜보고 투자계획을 세우는 것이 맞다고 생각하고 있다.

투자라는 것은 현상에만 집중하면 미래를 보지 못한다. 자, 우리 이제부터 변화되는 시장의 소리에 귀 기울여 보자.

5. 서울과 지방 부동산의 양극화

60, 70년대를 살아온 사람이라면 누구나 삼표연탄을 기억하고 있을 것이다. 당시 삼표연탄은 가정용 난방연료를 생산하는 기업 중에서 넘버원 기업이었다. 그런데 80년대에 들어오자마자 이 회사에 비상이 걸렸다. 매출이 급격하게 떨어지기 시작한 것이다. 이 회사 사장은 바로 위기 대응 테스크 포스팀을 구성하고 원인을 분석하기 시작했다.

그 결과, 이 회사는 대고객 CRM을 강화하고 제품의 성능을 높이기 위한 연구개발에 돌입했다. 그러나 회사의 노력과는 다르게 매출은 계속해서 떨어지기만 할 뿐, 나아질 기미는 보이지 않았다.

이미 가정용 연료 시장은 석유, 천연가스 시장으로 급속히 이동하였기 때문에 가정용 난방 시장에서 연탄의 비중은 줄어들기 시작했던 것이다. 따라서 그들이 연탄 생산을 고집하는 한 어떤 방법으로도 자사 생산의 연탄 판매량을 늘릴 수가 없었고 그들의 노고는 헛수고가 되고 만 것이다. 우리는 이렇게 시장이 급속하게 변하는 현상을 두고 '패러다임'이라고 말한다.

패러다임이란 용어의 해설에 있어서 다양한 변주와 또 다양한 시각이 있을 수 있겠으나 나는 패러다임이란 시장의 변화에 적응할 것인가, 아니면 기존의 생각을 고집해 도태될 것인가를 양자택일하는 것이라고 보고 있다.

우리는 지금까지 서울 지방간의 부동산 양극화는 일시적인 현상이고 오히려 서울 집값의 폭등은 풍선효과를 발휘해 지방 부동산의 가격 상승을 견인하는 긍정적 측면이 많다고 생각해왔다. 실제 2008년 금융위기 이후 서울은 침체된 반면, 가격이 올랐던 지방의 부동산 시장이 그랬었다. 그러나 최근에 벌어지고 있는 서울 지방간의 가격 양극화는 이전과는 확연히 다르다. 어쩌면 서울 지방간의 부동산 양극화가 패러다임 현상으로 굳어지는 느낌이다.

서울 핵심지역의 가격 폭등으로 같은 서울지역의 아파트로 가격 상승에 있어서 소외되어온 비강남, 비핵심권, 비고가, 비재건축, 비소형 아파트 간에는 풍선효과로 인한 가격 격차가 줄고 있지만 지방은 이 와중에도 풍선효과는 발생하지 않았고 오히려 일부 광역시 핵심권역을 제외하고는 지방 전체 지역에서 가격이 계속해서 하락 중이다. 수도권 중에서 서울 진입이 용이하지 않고 공급물량이 많았던 경기 서남부 지역의 평택, 오산 등은 지역 내의 호재가 많았음에도 오히려 가격은 하락하고 있다. 이제 부동산은 그것이 수도권에 있다는 사실 하나만으로 가격이 오르는 시대는 지나갔다. 이제부터는 수도권 아파트들도 오르는 곳과 안오르는 곳 간의 가격 격차가 점점 벌어질 것이다.

지방 부동산이 위기라는 말은 팩트가 있는 말이다. 한국 사회는 이미 인구 절벽의 사회로 진입해 있다. 따라서 지방에서의 인구 감소는 피해 갈 수 없다. 그런데 수도권으로의 인구 유입은 오히려 증가하고 있다. 이 말이 무엇을 뜻하는 것인가.

인구가 줄면 당연히 지역 상권이 무너지고 지역 내의 인구 유출이 증가하면 집값이 내려가는 것은 현실적인 문제다. 이른바 인구 절벽 현상에도 불구하고 수도권과 지방간의 인구 비대칭으로 인해 수도권의 부동산은 오르고 있는 반면, 세계적인 저금리, 이로 인한 과잉 유동성, 정부의 규제정책에도 불구하고 서울 집값을 폭등하게 만들고 있는데, 지방에서는 어느 곳을 가나 집값이 떨어진다는 소리만 들릴 뿐이다. 개인적으로 이것이 일시적인 현상이기를 바랄 뿐이다.

이것이 일시적인 현상이라면 국토의 균형 개발이라 관점에서 그나마 희망적이나, 우리가 염려하는 것은 이것이 과거처럼 일시적으로 보이는 현상이 아니라 영구화될 수 있다는 점에서 매우 불행한 일이라고 생각한다. 여러분은 이 부분에 있어서 어떤 생각을 가지고 있는가. 글을 쓰는 입장에서 내가 너무 앞서나가는 것 아니냐는 생각을 하고 있지만 나는 이 부분에 대해서 서울과 지방간의 부동산 양극화는 이제 패러다임 현상으로 봐야 한다고 판단하고 있다.

그런데 정부는 9.21 수도권 공급 확대 정책으로 서울, 수도권에 30만 가구를 더 공급하겠다고 한다. 현재도 수도권은 지방에 비해서 비대해져 있는데 수도권에 더 많은 아파트를 공급한다는 것은 지방의 인구를 수도권으로 유입시켜 수도권만 더 비대하게 만드는 결과를 낳을 것이고 지방 부동산은 죽으라고 하는 말이나 다름없다. 혼돈의 시기다. 무엇이 올바른 정책인지 가치판단을 내리기도 어렵다.

6. 서울 집값 폭등, 하수는 정부규제만을 탓하고 고수는 고개 들어 세계경제 흐름을 보라 하네

　나는 인생을 사는 데 있어서 개인이 잘되고 못 되는 것은 자신의 노력도 중요하지만 운도 무시 못 한다고 생각한다. 특히 경제 문제는 더 그렇다. 나는 노무현, 문재인 대통령은 훌륭한 지도자라고 생각하고 있다. 그런데 노무현 대통령은 자신의 개혁 의지를 펴 보이기도 전에 부동산 문제에 발목이 잡혀 조기에 레임덕이 발생해 개혁다운 개혁 한 번 못해보고 정권을 넘겨줘야 했다. 문재인 정부만은 노무현 정부와는 달리 부동산 문제가 정권의 레임덕을 가져오는 불행한 상황이 오시 않았으면 한다. 그러나 노무현 정부에 이어 문재인 정부도 그럴 조짐이 보인다는 측면에서 국가의 장래를 위해 이 문제를 매우 안타깝게 생각하고 있다. 이런 측면에서 이분들은 모두 운이 없는 분들이라고 생각한다.

　이분들은 모두 대한민국의 망국병인 "서울 중심의 나라"에서 국토의 균형 발전을 추구하는 분들인데 이분들이 집권하면 꼭 세계경제에 버블이 껴서 국내의 부동산 시장을 뒤흔들리게 만들게 하고 있다. 노무현 정부 당시에는 미국의 메가 뱅크들이 서브프라임 모기지론과 섀도 뱅킹(그림자 금융)을 가지고 장난치다 버블을 양산했고, 문재인 대통령이 집권하면서부터는 2008년에 발생한 서브프라임 모기지론 금융위기 이후 미국이 통화 확대 정책인 양적완화정책을 추진하고 유로존, 일본 등도 후발주자로 양적완화정책을 참여하게 되면서 세계경제는 또다시 실제 자산 가치 이상의 버블이 형성되기 시작해, 우리나라도 해방 이후 사상 초유의 저금리 시대가 지속되고 있다. 2018년 12월 현재 한국은행의 기준금리가 1.75%다. 서브프라임 모기지론 금융위기가 발생한 직후 한국은행의 기준금리는 5.0%였다. 이 사실만 놓고 봐도 현시점의 금리가 매우 낮다는 것을 알 수 있다.

나는 정부의 9.21 수도권 공급 확대 정책까지 9차례에 이르는 부동산 정책에도 불구하고 서울 집값이 폭등했던 이유를 세계경제의 흐름에 기인한다고 보고 있다. 여러분도 생각해봐라. 현재의 세계경제는 자본과 물류의 이동에서 완전히 자유롭고, 단일 시장화된 신자유주의가 지배하는 시장이다. 국내 시장 내에서의 투자시장 향방을 결정짓는 금리와 유동성의 크기도, 결국 세계경제의 흐름에 절대적으로 영향을 받는 것이다.

노무현 정부 임기 동안 17번의 부동산 규제정책이 발표되었다. 노무현 정부 당시는 미국의 메가 뱅크들이 섀도 뱅킹, 신용레버리지로 유동성을 확대시켜 세계경제가 버블화되던 시기였다. 그

공간에 한국 투자시장이 있었던 것이고, 당시 국내 부동산의 폭등은 국내시장의 내재적 요인이 아니라, 세계 투자 시장의 흐름에 절대적으로 영향을 받은 것이었다.

그런데 공교롭게도, 금융위기가 발생한 시점과 노무현 정부의 임기가 같은 시점에 끝나게 된다. 따라서 노무현 정부 임기 동안 17번에 이르는 부동산 규제정책에도 잡히지가 않던 부동산이 2008년 메가뱅크들의 몰락으로 발생한 금융위기 시점부터 내리막길을 걷게 된다. 이후 대한민국 부동산 시장은 박근혜 정부가 부동산 부양책을 쓰기 전까지 10년간 깊은 불황의 시기에 있었다.

보수언론들은 2017년 8.2 부동산 대책이 집값 폭등을 부채질했다고 하는데, 이것은 금융시장과 부동산 시장과의 연결고리에 대한 이해가 전혀 안 되어 있는 무지의 상태에서 나오는 발언이다.
현재 강남 고가 아파트를 매입한 투자자들 중에 거의 90% 이상이 레버리지 안 하고 자기 돈만으로 집을 샀다고 한다. 그리고 신규 입주자의 약 25% 정도가 지방에 주소지를 두고 있다고 한다. 이것이 무엇을 의미하는가? 저금리를 틈타서 자신의 유동성을 가지고 부자들이 재테크를 한 것이다.
그런데도 언론은 사안의 본질을 헤아리기보다, 진영논리로 정부의 정책을 비판하기에만 급급했다. 이번 서울 고가 아파트 가격 상승으로 상대적 박탈감을 가진 서민 중산층도 언론의 기사에 동조하고 있는 상황이다.

보수언론들은 정부의 소득 주도 정책이 무슨 문젯거리 라도 있는 것처럼 연일 정부를 공격하는데, 이 사람들은 경제학 텍스트 한 번 읽지 않고 기사를 내보내는가 보다. 소득 주도 성장 정책은 후기 케인지언들이 주장한 임금 주도 성장 정책으로 사회적 약자의 임금을 올려 그들의 가처분소득을 늘리고 이를 소비하게 해서 내수 경제를 살리자는 것이지 이념으로 편가르기 할 문제가 아니다. 그런데 왜 부동산 문제에 이념적 편가르기를 해 문제를 복잡하게 만드는지 이해를 하지 못하겠다.

그러니까 현재의 서울 집값 폭등은 정부의 정책 잘못이 아니라 금융위기 이후 펼쳐진 선진국들의 통화 확대 정책과 이로 인한 유동성의 증가가 만들어낸 버블의 영향으로 발생한 것이지 현 정부의 잘못된 정책 때문이 아니라는 것이다. 지금 우리가 걱정해야하는 문제는 서울 집값이 오르는 것이 문제가 아니라 인구 절벽 현상에도 불구하고 수도권으로의 인구 유입 증가로 인한 수도권과 지방간의 인구 비대칭의 문제 그리고 부동산 양극화의 문제다.

투자시장에서의 버블은 경제 흐름, 인간의 탐욕적 본성이 만들어낸 것으로 이를 가지고 너무 이성적으로 판단하는 것은 한계가 있다.

7. 한국은행의 기준금리 인상과 부동산 시장 전망

    2018년 11월 30일, 한국은행은 기준금리를 0.25% 인상해, 한국은행의 기준금리는 1.75%가 되었고 이렇게 되면 한국은행의 기준금리는 미국 연준의 기준금리 최고구간과 비교해 0.75% 차이를 두게 되는 것이다. 지금 당장은 한국은행의 기준금리 인상으로 외화유출현상은 없지만 향후 미국 연준이 추가적인 금리 인상을 단행한다면 외국계 자금의 유출현상이 가시화될 수 있다.

    그러니까 한국은행의 추가 기준금리 인상은 미국 연준의 금리 인상 여부에 따라서 오를 가능성이 커지는 것이다. 그런데 금융통화위원회는 왜 이 시점에서 기준금리를 소폭 인상하는 결정을 내렸는가. 금융통화위원회 9인 멤버 중에서 정부 쪽 사람이 많다는 것은 아무래도 정부의 정책방향과 코드를 맞추지 않으면 안 됐을 것이다.

    현재 정부는 진퇴양난에 빠져있다. 대통령의 국정지지도는 취임 후 최저 수준이고, 현 정부가 그토록 강조해왔던 고용지표는 최악이다. 여기에 미·중간에 벌어지는 무역전쟁, 신흥국들의 금융위기 문제 등으로 대외 경제 여건도 좋지가 않다. 자영업자들은 최저임금 인상으로 못 살겠다고 난리를 치고 있고, 서민들의 가계부채도 위험수위에 도달해있다. 이런 아수라판에 정부가 금리를 올린다는 것은 현실적으로 쉽게 결정을 내릴 일이 아니다.

　정부도 부동산 규제정책만으로 서울 집값을 잡기에는 역부족이라는 것을 잘 알고 있지만 그럼에도 금리 인상의 문제에 소극적으로 대응하는 것은 국가 경제가 전체적으로 어렵기 때문이기도 하고, 큰 폭의 금리 인상이 가져올 후폭풍을 두려워하기 때문이다. 앞으로 정부는 미국 연준의 금리 인상과 이에 따른 외환시장의 동향을 면밀히 분석하여 최대한 추가 금리 인상을 자제하는 방향으로 금리정책을 펼 것이다.

　따라서 지금의 유동장세 국면은 지속이 될 것이고 부동산 시장에서의 풍선효과도 현실화될 가능성이 많다. 현재 서울 부동산 시장은 시장 참여자 모두 집단 최면에 걸려있어, 보이는 것만 믿는 경향이 농후하다. 이 부분에 대한 나의 견해는 그럴 수밖에 없다는 생각이다. 정부의 규제정책이 시장에서 먹혀들지 않고 있고, 저금리로 인해 시장의 유동성이 금융권에 머물지 못하는 형국에 이 유동성이 과연 어디를 향해 갈 것인가.
　답은 여러분이 생각하고 있는 그대로이다. 그래서 정부의 강경한 부동산 정책에도 불구하고 이렇게 버블이 양산되고 있는 것이다.

이해찬이 여당 대표로 선출되고 난 뒤 첫 일성이 부동산을 잡기 위한 특단의 조치로 종부세 인상을 들고 나왔다.

이 사람의 머릿속은 온통 과거에만 머물러 있다. 이 시대가 정부의 선언적 한 마디에 시장 참여자 모두가 공포에 떠는 시장이 아니라는 것을 누구나 아는 사실인데 이 사람만 아직 모르고 있다. 우리 경제는 과거 정부가 나서서 모든 경제 문제를 교통정리하던 개발독재 시대가 아니라는 사실을 정부가 인정하기 바란다.

마지막으로 내가 말하고 싶은 것은 시장에서 가장 훌륭한 영업자는 모든 분야에서 그렇듯이 시장을 가르치려 하는 자가 아니라 시장의 소리를 잘 듣고 이를 정책에 반영하는 사람이라는 사실이다. 정부는 늦었지만 지금이라도 시장의 소리를 잘 경청하고 국민이 무엇을 원하는지를 정책에 반영하기를 기대해본다.

9.13 조치 이후 언론의 보도 태도를 보면 하루아침에 부동산 시장이 침몰하는 것처럼 서울 집값이 하락하고 있다는 보도를 연일 쏟아내고 있다. 부동산시장에서 다른 변수를 제로로 놓고 본다면 서울 집값이 빠지는 것은 당연한 일이다. 이를 너무 침소봉대할 필요가 없다. 꼭 부동산이 아니더라도 급격한 상승 뒤에는

일정기간의 숨 고르기 시간이 필요한 법이다. 서울 아파트 시장이 지금 그런 시점에 와있는 것이다. 이런 조정 장세가 찾아오면 투자자들은 투매를 생각할 것이 아니라 미래의 부동산 시장을 리드해 나갈 지역들을 중심으로 투자전략을 세울 때이다.

8. 박원순의 대권 프로젝트와 비 강남 부동산시장의 미래

2018년 7월 19일, 박원순 서울시장이 삼양동 옥탑방에 둥지를 틀고 강남과 비교해 인프라에서 뒤처진, 기울어진 운동장으로 표현되는 서울 강북권의 개발 의지를 보여주는 것에 대해서 일부에서는 정치쇼에 불과하다고 말을 하지만, 나는 그의 행위를 러시아 혁명 당시의 혁명군이 내세웠던 "인민 속으로" 운동의 연장선이라고 보고 그의 실천의지에 지지를 보냈다.

나는 박원순은 돈, 권력 때문에 정치를 하는 사람이 아니라, 그가 지향하는 가치를 위해 정치를 도구로 이용하는 사람으로 믿고 있다. 정치인을 권력지향형과 지사형으로 나누어 평가한다면 그는 자신이 지향하는 가치와 신념을 위해 정치를 도구로 이용하는 지사형 정치인에 가깝다고 생각한다. 그런데 이것을 떠나서 그는 그가 지향하는 가치를 실천하는 도구로서의 정치권력에 대한 집착이 매우 높은 사람이다.

아마도 그의 참모 그룹에서는 삼양동에 입주하기 전에 이미 대권 프로젝트를 가동했다고 보여진다. 그의 참모 그룹에서는 정치의 힘은 표로 증명하는 것으로 서울 25개 구 중에서 서울 3구에 불과한 강남권보다는 나머지 22개 구에 포진해있는 비강남권에서 정치의 이니셔티브를 잡는 것이 대권에 유리하다고 생각했을 것이다.

대한민국 정치에서 서울의 민심을 잡는다면 선거 공학적으로 대선에서 20%는 먹고 들어가는 것 아니겠는가. 이러니 우이, 면목 경전철도 모자라 목동, 난곡에까지 경전철사업을 추진한다고 하는 것이다. 여기에 용산, 여의도 개발을 본격화하겠다고 발표한 것을 보면 그도 역시 대권병이 도진 것이다. 결국 정부의 눈을 의식해 잠정 보류한다고 추진 의사를 번복했지만 이미 투자자의 시각에서는 시간이 문제이지 용산, 여의도 개발은 언제든 추진될 것이라고 믿고 있다.

현재 서울 부동산이 미쳤다는 것은 모두가 아는 사실이고, 그런데 이 부분에서 유의해서 봐야 할 부분은 서울 강남 3구에 비해서 그동안 뒤처져있던 비 강남, 비고가 단지들이 서울 집값 폭등을 틈타, 강남 3구와의 가격 격차를 줄이고 있다는 것이다. 만약 한국은행이 기준금리를 과감하게 올리고 지금까지의 규제 일변도의 정책에서 서울 아파트 시장에 대한 공급량을 늘리는 정책을 정부가 쓴다면 시장 참여자들의 들 뜬마음을 어느 정도는 진정시킬 수가 있겠지만, 지금처럼 대출을 규제하고 세금 부과를 늘리는 식의 정책으로는 뛰는 서울 집값을 막을 수는 없을 것이다.

 전국적으로 서울을 제외하면 부동산 시장은 안정화 되어가는 모습을 보이고 있지만 생각보다 풍부한 유동성이 서울의 고가 주택에만 몰려들고 있는 현상이 계속되고 있다. 그래서 서민 중산층에서는 부자만 돈을 번다는 불만의 목소리가 터져 나오는 것이다. 아무리 시장이 미쳐 돌아간다고 해도 아파트 3.3m²(평)당 가격이 1억 원에 육박하는 아파트가 속출하는 것은 정상은 아니지 않은가. 10년 전 서울에서 뉴타운 재개발 열풍이 불던 당시 서울 용산 국제빌딩 인근의 재개발 예정지의 땅이 대지 지분 3.3m²(평)당 호가가 1억 원에 육박했던 것을 기억하지만 그래도 이번처럼 일반 아파트의 3.3m²(평)당 가격이 1억 원에 육박하는 것은 정말 이성적으로 받아들이기 어렵다.

 이런 와중에 박원순이 "서울 강북 개발 프로젝트"를 들고 나온 것은 타오르는 서울 집값에 다시 한 번 불을 지피는 결과가 된 것이다. 박원순이라고 자신이 발표한 서울 강북 개발 프로젝트가 서울 부동산의 버블을 더 키운다는 것을 왜 모르겠는가. 그러나 대한민국에서 가장 고치기 어렵다는 대권병에 걸린 사람이 앞뒤 생각할 여유가 있겠는가. 이로써 대한민국 부동산은 서울과 비수도권과의 부동산 양극화는 더 심화될 것이 분명하다. 정치인들은 망국병인 부동산 양극화를 더 부채질하고 있다. 그러니까 선거철만 되면 여, 야 할 것 없이 정치인들은 지역 개발을 공약으로 들고 나온다.

정치인이 국가의 미래를 위해서 이러면 안 되는 것이지만, 자신이 사는 동네의 집값이 오른다는 데 싫어할 국민이 어디 있겠는가. 그래서 민주공화국 체제에서도 돈이 정치를 잡아먹는 악순환의 고리가 끊어지지 않는 것이다. 투자하는 입장에서는 돈을 벌려면 이 흐름에 편승해야 하는 것이고. 그렇다, 우리가 사는 세상은 이성으로만 받아들이기에는 너무 복잡한 함수가 숨어있다.

9. 정부의 규제는 힘을 잃고 오를 곳은 오른다.

문재인 정부의 지지율이 급락하고 있다. 문재인 정부의 남북 평화정책, 사회적 약자를 위한 일련의 소득 주도 정책에도 불구하고 문재인 정부의 지지율이 급락하는 것은 전형적으로 부동산이 정부의 지지율을 잡아먹기 때문에 벌어지는 현상이다. 시장에서의 사람들의 행동 유형은 현상에 충실하기 때문에 자신에게 조그마한 것이라도 불리하다고 생각하면 불만을 토로하고 지지를 철회하고 만다.

정부의 최저임금 인상이 종국에는 이 땅의 청년들이면서 당신의 아들딸들을 위한 정책임에도 불구하고 당장 최저임금 인상 정책으로 자신이 압박받고 있다고 생각하기에 미래를 보지 못하고 불만을 토로하는 것이다.

이것이 전형적으로 인간이 시장에 보여주는 모습인 것을 잘 알면서도 이를 지켜보는 마음은 씁쓸하기 그지없다. 나는 최근의 부동산 문제와 관련한 일련의 경제문제를 보면서 '바보야 문제는 경제야'라고 말했던 전 미국 대통령 클린턴의 어록이 생각난다. 국민들이 문재인 대통령의 지지를 철회한 것은 아니지만 결국 경제문제가 문재인 대통령의 발목을 잡고 있는 것만은 확실해 보인다. 최근 들어 부쩍 보수 언론에서도 이 문제를 부각시켜 보도를 하고 이에 동조하는 국민들도 늘었다.

국민의 먹고사는 문제는 정권의 레임덕과 연관이 깊다. 그래서 어느 정부나 경제문제 특히 국민의 일상생활과 밀접하게 관련되어 있는 부동산 문제는 항상 정부의 골칫거리다.

문재인 정부 초기 소득 주도 정책을 주도했던 청와대 정책실장 장하성과 그 반대의 포지션에 있는 정통 관료 출신의 경제 부총리 김동연 역시 물러나는 모습을 지켜보면서 아무리 정의로운 정권이라고 해도 경제문제만은 국민의 말에 귀 기울일 수밖에 없는 것이 민주공화국 체제에서의 정부의 한계다.

그동안 정부의 부동산 강경정책에도 불구하고 서울 부동산은 잡지 못하고 오히려 지역 간 양극화만 초래해온 것이 사실이다. 또 강남 등의 핵심지역을 투기지역으로 관리하면서 풍선효과로 인해 일부 비 투기지역의 부동산 가격을 올려놓은 것도 사실이다.

따라서 문재인 정부 들어와서 추진된 일련의 부동산 규제 정책은 정책의 효과도 없었고 민심만 잃어버린 결과를 초래하고 말았다. 더욱이 서울시 3선 시장이 된 박원순은 정부의 정책에 반하는 서울시 영등포, 용산·여의도 등 특정지역 개발계획을 발표하면서 서울 부동산 시장을 다시 카오스 상태로 만들고 있다. 맞다, 정부의 정책이라는 것이 시장의 도도한 흐름을 역류해 시장을 이길 수 없다는 사실을 다시 한 번 증명하고 있는 것이다.

투자자는 정부의 정책이 두려워 투자를 못하는 것이 아니라 투자금 대비 이익이 발생하면 투자를 한다. 금리 인상 요인이 많다고는 하지만 정부는 1,500조 원 넘는 가계부채를 걱정해 기준금리를 1.75%에 묶어두고 있다. 이는 은행예금이자가 세전 2.0%를 넘지 못한다는 방증이다. 이러니 시장의 유동성이 갈 곳을 못찾고 그나마 안정하다는 서울 부동산에 몰리고 있는 것이다.

한 여름 땡볕이 쏟아지는 날, 마곡지구의 중소형 아파트가 분양한지 3년 만에 분양가 대비 3배가 뛰었다는 소리를 듣고 그곳을 찾아갔다. 지금은 황량한 신도시 초기의 모습을 하고 있지만앞으로 이곳은 방화역으로 이어지는 서울 서부지역의 랜드마크가 될 것이 분명해 보인다. 그래서 정부의 규제정책에도 불구하고 오를 곳은 오른다는 말을 하는 것이다.

현재 정부는 쓸 수 있는 카드는 모두 썼다고 본다. 9.21 공급정책까지 나왔으니 정부도 할 만큼은 했다고 본다. 정부의 9.21 수도권 아파트 공급정책은 대표적인 시장 친화적인 정책이라고 볼 수 있다. 앞으로 정부는 서울 핵심지역의 폭등하는 집값을 잡기 위해 계속 강경정책으로 일관하는 정책은 그만두어야 한다. 그보다 앞서 정부가 정말 날뛰는 서울 집값을 잡기 위해서라면 우선 선제적 금리 인상을 단행하고 공공 주택 물량을 계속 늘려나가는 것이 시급한 문제임을 알아야 한다. 저금리로 시장의 유동성이 풍부하고 인구 절벽에도 불구하고 사람들의 수도권 유입인구는 계속 늘고 있는데 정부가 무슨 수로 이를 막겠는가.

시장은 항시 변화의 중심에 서있고 어느 방향으로 갈지 아무도 모른다. 그러나 분명한 한 가지는 돈이 되는 곳에 사람들이 몰린다는 것이다. 정부는 지금 왜 서울 부동산에만 사람들이 몰리는지에 대한 깊은 성찰을 한 후에 대책을 내놓아야 한다.

10. 폭등하는 서울 집값,
여기가 끝인가 아니면 새로운 시작의 서막인가.

아아, 이카루스가 자신의 날개가 타들어가는지도 모르고 태양을 향해 날아가다가 결국 자신의 날개가 타들어가 죽음을 맞이한 것처럼, 인간의 탐욕은 자신이 죽어서 자신의 영혼이 로그아웃될 때까지 멈추지 못한다.

2018년 서울 집값이 미친 듯이 오르면서 인간의 탐욕에 대해 진지하게 다시 생각해본다. 내 주변의 많은 사람들이 나에게 묻고 있다. 언제까지 이 흐름이 계속될 것 같냐고, 이쯤이 상투 같은데 이 시점에서 올라타면 급락하는 것이 아니냐고, 답을 알고 있으면서 내게 묻기는 왜 물어, 내가 신통방통한 점쟁이도 아니고 무슨 수로 시장의 앞날을 예측하겠는가. 다만 나의 주관적 판단으로 생각하는 것보다 꽤 긴 기간, 이 흐름이 계속될 것 같다는 말을 할 수는 있을 것 같다.

마포구 하중동 밤섬자이 118㎡ 아파트의 가격이 2018년 8월에 14억 8천만 원에 매매가 됐다고 한다. 이는 2018년 9월 기준으로 최근 3개월 평균 매매가격 12억 3천만 원보다 20.3% 오른 가격이다. 이 사례가 전체 시장의 흐름을 대변한다고는 할 수는 없지만 지금까지 아파트 가격을 견인해온 것이 소형 아파트였다면 이에 비해서 소외되어온 대형 아파트가 다시 기지개를 펴는 시그널이 아닐까 조심스럽게 생각해본다.

지금까지 서울 아파트가 서울 강남 중심의 소형 아파트, 재건축 대상 아파트가 시장을 주도해왔다면 앞으로는 그동안의 상승장에서 소외되어온 비강남, 비고가, 비소형 아파트가 본격적으로 다시 부각되는 시점이 온 것이 아닌가 하는 생각을 한다. 내가 이 시점에서 서울 아파트의 상승세가 계속되리라고 보는 이유는 사상 초유의 저금리 현상이 일부 계층에 제한되는 것일지라도 우리가 생각하는 것 이상으로 시장에 투자의 실탄이 되는 유동성이 풍부해졌다는 것이고, 이 흐름은 당분간 계속되리라는 생각에서다. 그렇다. 지금도 세계 투자시장은 2008년 금융위기로부터 자유롭지 못하다.

금융위기 당시 미국의 메가 뱅크들은 저 신용자들에게 주택 담보 이상의 대출을 해줌으로써 1차 버블을 키웠고, 이렇게 확보한 모기지(주택 저당권)을 소위 섀도 뱅킹이라고 하는 저당권을 기초자산으로 하는 MBS(주택 유동화 증권)을 발행해 2차 버블을 키우게 된다. 그런데 이것도 모자라 신용까지 레버리지해 버블을 키움으로서 이렇게 만들어진 버블이 터지면서 세계경제는 금융위기를 맞게 된다. 그런데 미국정부는 메가 뱅크 등의 탐욕이 불러온 금융위기를 정부의 재정(공적자금)으로 해결함으로써 막대한 재정적자를 감수해야만 했다. 재정적자가 발생하면 미국 정부는 항상 기축 통화 국이라는 우월한 지위를 이용해 무제한으로 달러를 찍어내는 통화 확대 정책으로 위기를 돌파해오고 있다. 양적완화라고 불리는 통화 확대 전략은 세계 투자자산의 버블을 가져왔고 지금도 이 흐름의 연장선에 있다고 보여진다. 그러니까 지금의 저금리가 단순히 금리 사이클에서 오는 일시적 현상이 아니라는 것이다.

서울 집값이 이렇게 미치도록 가격이 올라왔던 것은 세계적인 저금리 현상과 이에 따른 과잉 유동성이 버블을 키웠고 이 투자 공간에 대한민국 부동산시장이 있었기 때문이다. 그러니까 투자의 키워드가 되는 금리 유동성이 매우 큰 영향을 미치는 투자환경에서 투자자산의 거품은 필연적으로 발생하는 것이다. 이 공간에 우리 투자시장이 있는 것이고.

현재 고가 부동산에 투자하는 사람 중에 실수요자가 얼마나 되겠는가. 유동성을 고리 삼아 재테크하는 사람들이다. 나는 긍정적이든 부정적이든 서울 부동산의 상승세가 계속될 것이라고 생각하고 있다. 물론 이것은 나의 주관으로 절대적인 것은 아니다.

11. 금리의 이해와 앞으로의 금리 전망

우리가 보통 '금리가 올랐네, 떨어졌네'라는 기준점은 시장 실세금리를 말하는 것이다.

보통은 시장 실세금리를 한국은행이 매월 초에 발표하는 기준금리를 시장 실세금리로 알고 있으나 기준금리는 시장 실세금리에 직간접적으로 영향을 미치기는 하지만 시장 실세금리는 아니다.

정부는 기준금리를 정하는 한국은행의 금융통화위원회의 독립성을 보장한다고 하지만, 정부 쪽에서 인사권을 행사하는 금융통화위원회는 정부의 정책적 판단과 정부가 목표로 하는 거시경제지표관리에 코드를 맞추지 않을 수가 없다. 그래서 한국은행이 발표하는 기준금리는 정부가 의도가 다분히 실린 정책금리라 하겠다.

그러나 기준금리는 시중은행이 한국은행에 수탁하고 있는 RP(환매조건부 채권) 7일물을 기준으로 결정되기 때문에 한국은행의 기준금리 인상은 은행, 종금사, 저축은행, 증권사, 단위 신용조합(단위 농협, 수협, 신협, 새마을금고)등의 확정 금리 상품인 정기예금, 정기적금 등의 은행권 고유계정 상품들과 종금사의 발행어음, 표지어음, 발행어음-CMA 등의 예금이자와 대출 금리에 직접적으로 영향을 미친다.

시장 실세금리는 보통 증권시장에서의 외화보유고, 환율의 동향, 세계경제의 흐름, 원자재 가격 동향, 경상수지, 국가와 기업의 정치적, 재무적 리스크를 모두 감안해 실시간으로 결정되는 것으로 우리가 간접적으로 투자하고 있는 거의 모든 채권형 상품들은 매일 채권 시가를 평가해 이것이 수익률에 반영시키고 있다. 예전에는 시장 실세금리 지표를 삼성, 현대와 같은 초우량 기업이 발행하는 AAA 등급의 우량 기업이 발행하는 회사채 3년물을 그 기준으로 하였으나 회사채는 발행의 복잡성과 전산화가 용이하지 않다는 점과 발행비용도 많이 드는 관계로 현재는 국채를 통합 발행하는 국고채 3년물을 시장 실세금리 지표로 삼고 있다.

국고채는 개별 기업이 발행하는 회사채와 비교해 발행이 반복적으로 이루어지고 전산화가 용이하다는 점과 발행에 따르는 비용이 적게 드는 이점이 있다. 그러니까 결론적으로 말해서 우리가 보통 금리가 올랐네, 떨어졌네 하는 기준은 시장 실세금리를 말하는 것이고 그 기준점이 국채를 통합 관리해 발행하는 국고채 3년물을 가지고 말하는 것이다.

내가 최근에 가장 많이 받는 질문 중에 하나가 앞으로 금리가 얼마나 오를 것인가에 대한 것이다. 지금부터 내가 하는 말은 내 주관이 많이 개입된 것으로 절대적으로 믿어서는 곤란하다.

나는 앞으로 금리가 오를 가능성이 크지만, 시장이 예상하는 것만큼 큰 폭의 금리 인상은 없을 것으로 판단하고 있다. 2008년 금융위기 이후 세계경제를 뒤흔들었던 메가뱅크들에 의해서 운용되었던 소위 섀도 뱅킹(유동화 증권)이 정부 당국의 통제를 벗어나 무한대로 발행되면서 금융위기가 폭발적으로 증폭된 것이라면 현재는 금융당국이 섀도 뱅킹에 대한 적절한 통제가 이루어지고 있고 예전과 같은 큰 폭의 금융위기는 발생하기 어렵다는 측면과 금융위기 이후 세계 선진국들에 의해서 추진되고 있는 통화 확대 정책인 양적완화정책과 극단적인 마이너스 금리정책이 계속 유지되고 있다는 점에서 전 세계적인 금융위기가 다시 오지 않는다면 저금리 흐름은 계속되리라고 생각하고 있다.

한때 미국 경제가 기침을 하면 한국경제는 감기에 걸린다는 말이 있을 정도로 우리 경제의 미국 의존도는 매우 심했던 것이 사실이었지만 현재는 우리 경제도 세계 10대 경제대국으로 불려질 만큼 경제의 총량도 커졌고 수출시장의 다변화로 미국 경제 의존도도 크게 줄어들었다. 따라서 2008년처럼 큰 금융위기가 오지 않는다면 현재의 저금리 기조는 계속되리라고 본다. 따라서 앞으로 미국 연준의 금리 인상에 따라서 금리 인상 요인은 있지만 예전처럼 큰 폭의 금리 인상은 없을 것이다.

최근의 금리 흐름을 보면서 참으로 격세지감을 느낀다. 내가 막 사회생활을 시작했던 90년대 초 당시 시장 실세금리 역할을 했던 대기업 발행 우량 기업의 회사채 금리가 15%를 넘나들었다. 당시 우리 회사의 정기 예금 2년 복리수익률이 50%였고, 3년 복리수익률은 100%였다. 이 말은 1,000만 원을 우리 회사의 정기예금에 예금을 하면 3년 후 원금의 100%를 이자로 받는다는 얘기가 된다. 따라서 당시에는 굳이 주식이나 부동산에 투자를 하지 않아도 예금만으로도 높은 수익률을 달성할 수 있었다.

하지만 현재의 시장금리는 2%에도 못 미치고 있다. 그러니 시장의 유동성이 서울의 고가 아파트로 몰리고 있는 것이다. 최근 들어 가장 보수적인 투자자들로 분류되는 50대, 60대 이상의 주식투자인구가 큰 폭으로 증가했다. 이들이 자신의 마지막 생명줄 같은 돈을 가지고 가장 위험한 투자 수단으로 분류되는 주식시장에 올인하는 이유가 무엇 때문이겠는가. 금리가 낮아도 너무 낮아 은행예금이자로는 돈을 모으기는 고사하고 물가도 못 쫓아가는 이자만을 받기 때문이다. 주식투자의 위험을 두려워하는 고령의 투자자들은 독신, 신혼부부, 대학생을 대상으로 하는 임대주택에 올인해 월세로 생활자금을 마련하는 것이다. 예전에는 수익성 부동산이라고 하면 상가를 먼저 떠올렸으나 현재는 원룸투자의 대표적 상품인 다가구 주택, 오피스텔이 수익성 부동산으로 각광받고 있고, 때맞춰 국내에서 독신가구가 급증함에 따라 공급을 뒷받침해주는 적정한 수요가 있어서 독신가구를 대상으로 하는 임대주택 사업은 은행 이자의 최소 5배에 이르는 수익률을 얻고 있다. 나는 투자 흐름의 빅 픽처에는 항시 금리 유동성의 힘이 발휘된다고 믿고 있는 사람이다.

2018년 초부터 금리 인상에 대한 말들이 계속 있어 왔다. 그러나 결과적으로 미국 연준의 금리만 올라 미국의 기준금리는 2.25~2.50% 구간에 머물러 있지만 한국은행의 기준금리는 2018년 11월 30일 0.25% 올라 1.75%에 머물고 있다.

금리 인상 문제에 대해 정부가 소극적으로 대응하는 이유는 여러 가지 요인이 있겠지만 금융위기 이후 선진국들에 의한 양적완화정책과 극단적인 마이너스 금리 운용정책으로 세계적인 저금리가 계속되고 있는데, 우리나라만 선제적으로 금리 인상을 단행한다는 것도 국가 경제에서 수출이 차지하는 비중이 40%를 넘는 나라에서 기업의 국세 경쟁력을 위해서라도 자제할 수밖에 없었을 것이다.

금융위기 이후 선진국들은 자국의 경제부흥을 위해 시장에서 국채를 직접 매입해 시장에 돈을 푸는 양적완화정책을 고수하고 있다. 이는 자국의 통화가치를 낮추어 자국 기업의 국제 경쟁력을 높이려는 일종의 패권주의 경제정책이다. 각국의 정부들은 이렇게 해서 얻어지는 전리품들을 포기하기 어려울 것이다.

환율을 조작해서 고환율 정책을 유지하면 자국의 기업이 생산하는 제품의 가격경쟁력은 올라가지만 이는 이웃나라의 경제를 가난하게 만든다는 점에서 매우 나쁜 정책이다. 그런데 선진국이라는 나라들에서 다들 이렇게 자국 경제를 위해 통화 조작을 일삼고 환율을 인상해 자국 경제만 살리려는 이기적인 정책이 계속한다는 것은 세계경제를 위해서 불행한 일이다. 그러니까 선진국들에 의해서 자행되고 있는 양적완화정책의 후유증으로 세계의 투자자산에 버블이 끼고 우리나라 부동산 시장도 이 흐름에 절대적인 영향을 받고 있다고 봐야 할 것이다.

12. 서울 집값, 이 정도면 미친 것이 맞죠

8.2 대책이 나온 지 거의 2년이 다 되어 가지만 정책의 효과는 없고 서울 집값만 미친 듯이 올라왔다. 서울 강남 도곡렉슬 84m² 아파트가 2018년 8월 18일에 19억 7천만 원에 거래됐다고 한다. 이는 2018년 6월의 실거래 가격 17억 원은 물론이고 다주택자 양도세 중과를 앞두고 가격 조정이 있었던 2018년 3월의 전 고점 18억 4,500만 원을 뚫고 신고가를 다시 쓴 것이다.

과연 서울 강남만 이런 것인가. 신분당선 서북부 연장(서울 용산-은평 뉴타운-경기 삼송지구)과 수도권 광역급행철도(GTX) A노선 등의 개발호재로 마포구 은평구 내의 아파트들도 연일 사상 최고가를 기록 중이고, 2018년 8월 19일 발표된 "서울시 강북권 개발계획"으로 서울의 소외지역이었던 강북 3구와 구로, 양천구 지역의 아파트들도 강남 아파트와의 가격 격차를 줄여 나가고 있다. 즉 지금까지 강남과 비교해 가격차이가 컸던 비강남, 비고가, 비재건축 단지 내의 아파트들을 중심으로 가격 격차 메우기가 본격적으로 진행되고 있는 것이다.

서울 집값이 미친 듯이 오르면서 집을 가지고 있는 사람들이 집을 내놓지 않고 있다. 다주택자의 경우 임대 사업자로 등록한 후 8년간을 보유하면 양도소득세를 면제받기 때문에 집을 파는 것보다 보유하는 것이 유리하다고 생각해 집을 내놓지 않는 것이다. 지금 당장 보유주택을 팔자니 정부의 양도세 중과 정책 때문에 팔지도 못하고 이보다는 임대 사업자로 등록해 세금이 면제되는 8년간 보유하는 것이 낫다고 생각한 것이다.

시장에서는 사려는 사람은 넘쳐 나는데 양도세 중과와 재건축 규제로 인해 시장에서는 매물이 씨가 마르니 가격이 오르는 것은 당연한 일이다. 김현미 장관은 뛰는 집값을 잡기 위해 2019년 공시지가를 실거래가에 맞게 인상할 예정이라고 말을 하고 있지만 과연 이러한 정책이 미친 듯이 날뛰는 서울 집값을 잡을 수 있을까. 아마도 이번의 가격 조정이 끝나면 그동안 강남에 비해 가격 격차가 심했던 강북의 아파트들을 중심으로 오를 가능성이 높다.

아직도 규제와 세금 중과로 부동산을 잡을 수 있다고 생각하는 것은 시장의 흐름을 잘 못 읽고 있다는 방증이다. 지나친 서울 집값의 폭등, 지역 간 부동산 양극화가 국가의 미래를 생각해봤을 때는 불행한 일이지만, 부동산 상승 쪽에 무게가 실리는 것은 현재의 부동산시장은 미쳤다고 밖에는 말할 수밖에 없을 정도로 가격 상승에 거침이 없었기 때문이다.

8.2 부동산 대책이 나온 이후 시장에서는 이 정부가 끝나기 전

에는 부동산 투자는 안된다고 하는 것이 시장 다수의 생각이었다. 그런데 8.2 대책이 나온 지 2년이 다 되가는 오늘날에 와서 보니 잡겠다는 강남 집값은 천정부지로 오르고 서울의 다른 지역 부동산도 강남과의 격차를 줄여나가고 있다.

시장에서의 인간의 이성은 초라한 조랑말에 불과하고, 인간의 감성은 거대한 코끼리라는 다니엘 가너먼의 글귀가 다시 생각나게 하는 서울 부동산의 모습이다.

내가 주마간산식으로 서울 구석구석을 다니면서 새삼 느끼는 것은 서울 전체가 리모델링 중이라는 생각이다. 서울의 생활인프라가 과거에 비해 정말 좋아졌다. 아마 다른 곳도 그럴 것이다. 그런데 유독 서울 집값만 폭등하는 이유는 여전히 대한민국에서 집이라는 존재는 사는 곳이라는 측면보다 사는 것이라는 생각이 더 강하기 때문이다. 현재 주택 가격이 많이 오른 것은 사실이다.

주택 가격이 얼마나 많이 올랐나를 알아보기 위해 주택 시가총액과 GDP와의 관계를 보면 GDP 대비 주택 시가 총액이 가장 높았던 최고점은 GDP 대비 주택 시가 총액은 2.3배였다.

이 말은 주택 시가총액이 GDP 대비 2.3배라는 의미다.

2017년 주택 시가총액이 GDP 대비 2.32로 최고점을 깨고 최고가를 기록했다.

따라서 2017년은 통계를 내기 시작한 1995년 이후 최고치였다.

따라서 현재 소득 대비 주택 시가총액이 높다고 느끼는 것은 실체가 있다는 얘기가 된다.

2009년 버블의 최고 정점을 찍은 시점보다 현재의 GDP 대비 주택 시가총액이 더 높았다.

GDP 대비 주택 시가총액은 역대 최고 수준이지만 주택 구입 부담지수가 지난 14년간의 평균 수준에 불과한 것은 사상 초유의 저금리에 원인이 있다.

즉, 주택 구입 부담지수가 지난 14년간 평균 수준에 불과한 것은 금리 때문이다.

주택 구입 부담지수의 최고점이던 2008년 2분기 기준금리는 5.0%로 2018년 12월의 기준금리보다 2.5배 이상 높았다.

현재의 집값이 과거 어느 시기보다 GDP 대비 고평가된 것이 팩트다. 투자에 신중해야 하는 시점이다. 부동산은 한 번 사고나면 되물을 수 없는 자산이고 우리 가계자산의 평균 70% 이상을 차지하는 귀중한 자산이다. 따라서 신중해서 나쁠 것이 없다.

13. 대출 규제가 부동산 투자에 미치는 영향

서울 아파트의 평균 매매가가 8억 원 대를 넘어서고 있다. 아마 우리나라 국민들 중에서 빚내지 않고 순수 자신의 돈만으로 서울 집을 매입할 정도로 현금 유동성이 있는 사람은 열에 하나도 안될 것이다. 이런 상황에서 정부가 대출 규제를 하게 되면 빚내서 투자해야 하는 사람에게는 유동성의 고리가 끊어지는 것이 됨으로 주택 구입은 위축되기 마련이다. 그래서 부동산 투자에 있어서는 금리 인상보다 더 두려운 것이 대출 규제라고 하지 않던가. 그런데 9.13 조치 이후 강화된 대출 규제와 2018년 10월 말부터 적용되기 시작한 DSR(총부채 원리금 상환 비율)로 대출받기가 점점 더 어려워지고 있다.

한국은행의 기준금리는 2019년 1월 현재 1.75%이다. 그러나 은행의 대출금리는 오르고 있다. 대출금리가 오르면 레버리지 투자를 한 사람들은 당장 매달 들어가는 이자가 늘게 되어 부담이 될 수밖에 없다.

은행연합회는 2018년 9월 코픽스(COFIX: 자금조달비용지수) 금리가 1.90%로 2018년 8월과 비교해 0.01% 포인트 올랐다고 공시했다.

이는 2015년 11월 1.91% 이후 34개월 만의 최고치다.

잔액기준 코픽스 금리는 2017년 8월 이후 13개월 동안 쉬지 않고 올랐다.

코픽스는 국내 8개 시중은행이 예·적금, 은행채, 상호부금, 주택부금, 양도성예금증서(CD) 같은 수신 상품의 조달 금리를 가중 평균한 지표이다.

조달금리 상승과 하락에 따라 오르내리는 코픽스 금리는 은행이 변동 대출 금리를 산정할 때, 이 지수를 반영한다.

코픽스 금리가 원가 인상으로 인해 은행들의 주택 담보 대출 변동금리도 상승해 연 5%를 눈앞에 두고 있다.

은행의 코픽스 연동 대출금리는 보통 신규 기준 0.03% 포인트, 잔액기준 0.01% 포인트 오른다.

신한은행의 경우 코픽스 금리가 0.01% 오르자 대출금리가 기존 연 3.15~4.50%를 3.18~4.53%로 0.03% 포인트 올랐다.

한국은행의 기준금리는 1.75%로 묶여 있지만 대출 금리는 꾸준히 오르고 있다.

앞으로 대출 금리는 계속 오를 가능성이 크다. 다주택자나 고소득자에 대한 총부채 원리금 상환 비율(DSR) 적용으로 DSR 비율이 90%에서 120%인 사람들은 은행마다 그 기준이 다르지만 대출 자체가 안된다. 이제는 앞뒤 안 재고 무조건 빚내서 투자하겠다는 생각은 버리는 것이 좋다. 주택을 매입하고자 한다면 우선적으로 자금조달 계획부터 철저히 준비하고 주택에 투자해야 낭패를 보지 않을 수가 있다.

제**2**장

J노믹스 시대의 부동산 투자

1. 소득 주도, 혁신 주도 성장 논쟁과 부동산 투자

최근 우리 사회의 화두로 부각되어온 소득 주도, 혁신 주도 성장론을 지켜보면 가슴 한편으로 짠한 감정이 올라온다. 이는 노무현 시대를 연상시키기 때문이다. 나는 노무현 정부 당시 노무현이 행한 일련의 신자유주의 정책을 두고 진보진영에서 좌파의 경제학을 교조적으로 해석해 그를 맹비난했던 일을 생각하면 지금도 가슴이 먹먹해진다. 노무현은 매우 실용주의를 중시하는 정치인이었다. 그는 전체 경제 규모에서 수출이 차지하고 있는 비중이 40%가 넘는 나라에서 미국이 주도하는 신자유주의에 반하는 정책을 추진한다는 것은 한계가 있다고 생각한 것이다. 그래서 진보진영에서조차 그렇게 맹비난했던 일련의 신자유주의 정책을 고집한 것이다.

결과적으로 그의 판단은 맞는 것이었다.

현재 세계에서 보편적 복지 시스템이 가장 완벽하다는 스칸디나비아 3개국의 경제는 신자유주의에 편승한 다국적 기업들이 이끌어 가고 있다.

그들의 생각은 보편적 복지와 신자유주의는 함께 갈 수 있다고 생각하는 것이다. 우리나라처럼 계급 간 소득의 격차가 심한 나라에서는 후기 케인지언들이 주장한 소위 임금 주도 정책은 필요한 정책이다. 국가가 시장에 개입해 사회적 약자들의 임금을 강제해 그들의 소득을 높여 내수경제를 살리려는 정책이 무엇이 잘못된 것인가. 또 우리나라처럼 수출로 밥 먹고 사는 나라에서 대기업을 지원해 그들이 흘려주는 떡고물을 국민 모두가 공유한다면 이것도 나쁜 정책은 아닐 것이다.

다시 강조해 말하지만 우리나라같이 수출로 밥을 먹고 사는 나라에서는 신자유주의에 편승하는 혁신 주도 정책도 필요하고 계급 간 소득의 격차를 줄이는 소득 주도 정책도 필요한 것이다. 등소평이 얘기했던 흑묘백묘론처럼 검은 고양이면 어떻고 흰 고양이면 어떻겠는가. 쥐를 제일 잘 잡는 고양이가 가장 훌륭한 고양이가 아니겠는가. 다시 노무현을 생각한다. 그는 진보진영에서는 신자유주의에 편승한 혁신 성장론자라고 욕을 먹고 보수진영으로부터는 소득 주도 경제성장을 추구하는 좌파라고 맹비난을 받았다. 그러나 노무현은 이념을 떠나 국가의 이익을 추구하던 실용주의 정치가였다. 나는 최근의 소득 주도, 혁신 주도 성장 논쟁이 과거처럼 불필요한 이념논쟁으로 변질되는 것이 안타깝다.

현재의 문재인 정부가 이전의 보수정부에 비해 개혁적인 정책을 펼치는 것은 맞지만 이는 시장주의 테두리 안에서 그런 것이지 이념적인 문제를 경제정책에 결부시키는 것은 과잉 해석이다. 혁신 주도 정책, 소득 주도 정책 모두 주류경제학의 테두리 안에서 이뤄지는 경제정책이다. 따라서 정부의 소득 성장 정책이 대한민국 부동산 시장에 불리하게 작용하지는 않을 것이다. 현재 문재인 정부는 보수적인 시장경제의 테두리 안에서 부동산 정책을 펼치고 있다. 그런데 이를 좌파의 경제로 몰아붙이는 논리는 너무 앞서가는 논리다. 문재인 정부는 부동산이 실물경제에 부담을 줄 정도로 폭등하는 것도, 그렇다고 급락하는 것도 원하지 않는다. 문재인 정부의 부동산 정책을 읽는 그대로의 워딩은 말 그대로 부동산 안정화 대책이다.

부동산이 너무 급등해 국민들 간에 위화 감을 조성시키거나 아니면 부동산이 급락해 국민들의 가처분 소득을 감소시켜 이반되는 것을 정부는 원하지 않을 것이다. 그러니까 부동산시장의 가격 사이클은 시장논리에 의해서 움직이는 것이라고 보고 투자전략을 모색하는 것이 현명한 투자전략이다. 정부가 부동산 시장을 억누른다고 해서 오를 부동산이 오르지 않는 것이 아니잖는가.

2. Q&A로 풀어놓는 9.13 조치 주요 내용

대한민국 공무원 전체를 싸잡아 욕하고 싶지는 않지만 2018년 9.13 부동산 대책을 보면서 어떻게 예상했던 것과 한 치도 벗어난 것이 없는지. 세금 카드나 만지작거리고, 대출 규제하는 것 말고는 공무원들이 부동산을 움직이는 경제 흐름에 대해 전혀 학습이 되어있지가 않다.

나는 9.13 대책으로 서울 부동산이 조정은 있을지 언정 잡히지는 않을 것이라고 생각하고 있다. 세계적인 과잉 유동성 현상이 우리의 생각보다 길어질 것으로 보고 있기 때문이다. 그래서 정부의 고민도 깊어지고 있는 것이다. 그러나 이럴수록 공무원들은 시장이 만족할 만한 수준의 대응책을 내놔야 하는 것인데, 이러다가는 정말 노무현 정부 당시처럼 부동산이 대통령의 지지율을 떨어트려 조기에 레임덕을 초래했던 것처럼 현 정부 역시 개혁다운 개혁 한 번 못 해보고 정부의 임기가 끝나는 것은 아닌지 하는 걱정스러운 마음이 든다.

정부의 부동산 정책이 실패하지 않기 위해서는 아무리 보수정권 하에서 살아남은 관료들이라고 해도 사명감을 갖고 일을 해야 한다. 대개 공무원들은 박제된 업무 매뉴얼을 그대로 대응하면 결과가 어떻든 간에 자신들 밥그릇 날아갈 일은 없으니까 이렇게 무성의하게 일을 하는지도 모르겠다. 그러니까 매번 똑같은 대응책을 앵무새 읊조리듯 내놓는 것이 아니겠는가.

대한민국 관료들, 정말 무능하다. 문재인 정부 들어와서 부동산 대책만 9.21 수도권 부동산 공급 확대 정책을 포함해 아홉 번째인데 이는 17번에 이르는 부동산 대책을 내놨던 노무현 정부의 부동산 정책에 버금가는 것이고 아직 임기가 많이 남아있는 것을 감안해 본다면 어쩌면 노무현 정부 당시보다 더 많은 부동산 대책이 나올 수도 있다. 계속 이렇게 부동산 가격이 급등할 때마다 땜빵식으로 부동산 대책을 내놓는다면 이를 지켜보는 국민의 입장에서 여간 피곤한 일이 아니다. 정부는 장기적인 관점에서 부동산 안정대책을 내놓아 시장에 믿음을 주어야지 이렇게 아무 생각 없이 부동산이 오르면 그때마다 임시처방 식으로 부동산 대책을 내놓는 것은 투기세력에게 빌미만 제공하는 것이다.

정말 서울의 고가 아파트가 미친 듯이 가격이 오르는 이유가 무엇 때문인지 모르겠는가. 금융위기 이후 전개되어온 선진국들의 양적완화정책과 극단적인 마이너스 금리 정책으로 인한 세계적인 과잉 유동성을 이용해 부자들이 재테크를 한 것이다. 지금은 정부가 어떤 대책을 내놓는다 해도 시장에서 먹힐 리가 없지만 위에서 쪼는데 아무 일도 안 할 수는 없고 그러니 고작 대책이라고 나오는 것이 고가 주택 보유자, 다주택자 세금 올리고, 대출 규제로 레버리지를 이용한 유동성의 고리를 차단시킨다는 것이 부동산 정책의 모든 것이 되고 있는 것이다.

대출 규제로 유동성의 고리를 끊어버리면 집이 문제가 아니라 상가 거래도 부진해져 내수 경제에 막대한 피해를 입히게 된다. 이번 정부의 발표에 더 실망한 것은 최종구 금융위원장이 한 말 때문이다. 이 사람이 하는 말이 돈 많아서 자신의 돈으로 투자하는 사람은 규제할 도리가 없고, 실수요자, 무주택자가 9억 원 이상 되는 고가의 주택을 매입하기 위해 대출을 받는 것은 엄격히 규제한다고 한 말 때문이다.

지금 지방 부동산시장은 그야말로 쑥대밭이 되어가고 있고, 수도권도 입주물량의 과잉으로 가격이 조정 받고 있는 판국에 오르는 곳은 서울뿐인데, 중산층과 서민 실수요자 무주택자에게 피해만 가는 정책을 왜 발표해 국민의 분노만 키우는 것인지 정말 이해가 가지 않는다. 그리고 서울의 평균 집값이 8억 원을 넘어서는 시점에서 서울을 기준으로 어떻게 9억 원 이상의 아파트가 고가 주택이 될 수 있단 말인가.

이 말은 달리 해석하면, 너 돈 가진 것 없지, 그러면 무리하게 대출받아서 서울에 집 살 생각하지 말고 집값이 싼 지방 가서 살라고 하는 말과 똑같다. 그리고 지금까지 금융으로 밥을 먹고 산 사람의 입장에서 말하자면 정부가 DTI, LTV를 강화하고 DSR을 적용한다고 해서 대출을 못 받는 것도 아니다. 우리나라에서는 대출을 받으려고 마음을 먹으면 얼마든지 받을 수가 있다.

관료들 대부분이 자신들이 어떻게 개인의 사유재산 이동을 통제하고 감시할 수 있다고 생각하는지, 이 바보들은 책상에 앉아 남이 써놓은 페이퍼만 들여다보고 정책을 수립하다 보니 이 모양인 것이다.

정말 관료들에게 부동산 시장을 안정화시킬 의지가 있다면 욕을 먹더라도 선제적으로 금리 인상을 먼저 단행하고 부동산 정책을 투트랙으로 운용해 전국 부동산의 부분일 수밖에 없는 서울 부동산은 그들만의 놀이터로 깨끗이 그래, 내가 졌다고 인정하고 무주택자, 서민 독신가구, 신혼부부들을 위한 공공 임대주택의 공급을 늘려 주거 빈곤에 처해있는 사람들을 구제하는 것이다.

나는 어떻게 시장의 유동성에 의해 움직이는 서울 부동산 시장을 규제정책으로 잡으려고 생각하는 관료들의 발상이 순진한 것인지 아니면 바보들인지 나로서는 모르겠지만 현재 고위직에 있는 관료들의 상당수가 개발독재 시대에 관료로 입문해, 정부가 시장을 좌지우지한다고 맹신하는 것 같다. 그렇지가 않다면 이렇게 시장을 무시하는 정책이 나올 수가 있겠는가. 정말 이러다가는 문재인 정부 임기 내내 부동산 규제 카드만 만지작거리다 정부의 임기가 끝날 수도 있다. 왜 지금 인구 절벽에도 불구하고 서울 집값만 미친 듯이 오르는지 노무현 정부 시대의 부동산 시장 흐름만 복기해 봐도 잘 알 텐데 참으로 답답한 형국이다. "아! 국민의 세금으로 밥 먹고 사는 너희들 이렇게 밖에 못해?"라고 말을 할 수밖에.

이러니 부동산 대책이 나올 때마다 대통령의 지지율이 급락하는 것이다. 개인적으로 매우 안타까운 일이다.

정부의 부동산 대책을 보면 씨름판에서 샅바 싸움하는 것 같이 시장과 정부가 누가 이기냐를 두고 힘겨루기 하는 모양새다.

시장에서는 9.13 부동산 대책을 두고 생각한 것보다 약하다는 얘기가 많다. 9.13 규제 정책의 핵심은 다주택자들을 직접 겨냥한 대출 규제와 보유세 강화 정책에 있다. 주로 투기지역과 투기과열지구, 조정 지구를 대상으로 다주택자들의 투자를 원천봉쇄한다는 느낌마저 든다. 또한 과거 노무현 정부처럼 종부세를 징벌적으로 부과하여 부동산을 보유하는 것 자체가 고통이라는 인식을 심어주는 효과도 노리고 있다. 그러나 정부의 강력한 부동산 대책이 나올 때마다 시장은 그것을 회피하는 방법을 찾기 마련이다.

그리고 종부세를 인상했다고 하지만 공시지가 18억 원 이상의 고가주택에만 해당되고, 우리나라에서 공시지가로 18억 원 이상의 주택을 살 수 있는 사람은 전체 가구의 2%도 안 된다. 이러니 정부의 9.13 정책을 눈 가리고 아웅 하는 것이라고 조롱하는 것 아니겠는가.

아래는 9.13 부동산 대책의 주요 내용이다

#.9.13 부동산대책 주요내용

• 종합부동산세
  - 종부세율 애초 정부안(최고세율 2.5%)보다 구간별로 0.2~0.7포인트 인상
  - 종부세율 인상 적용 과표 6억 원 이하로 확대(과표 3억 원 ~6억 원 구간 신설)
  - 3주택 이상, 조정 대상 지역 2주택 이상 보유자에 종부세 최고 3.2% 중과세 부담

• 양도소득세
  - 조정 대상 지역 일시적 2주택자에 대한 양도세 면제 요건 강화(현행 3년에서 2년 내 처분)

- 주택 담보대출
  - 2주택 이상자 세대의 주택 구입 규제지역 내 비거주 목적 주택 구입에 주담 대출 금지

- 임대 사업자 대출
  - 주택 담보 임대 사업자 대출 LTV 현행 80%에서 40%로 강화

- 전세자금 대출
  - 1주택자 부부합산소득 1억 원까지 보증 제공(주택금융공사 기준)

- 주택 공급
  - 수도권 내에 30만 가구 주택 공급, 도심 내 규제완화
  - 수도권 분양가 상한제 주택, 전매 제한 기간 최대 8년으로 확대

Q1 고가주택 세금 규제 2년 거주 요건 추가

A1 9.13 대책 이전에는 실거래가 9억 원을 초과하는 고가주택 양도 시 1주택자는 거주 기간 요건 없이 보유기간에 따라 최대 80% 장기보유특별공제가 가능했지만 9.13 조치 이후부터는 2년 이상 거주한 경우에 한해 장기보유특별공제 10년, 최대 80%까지만 적용 가능하고, 2020년 1월 1일 이후 양도

하는 분부터 적용된다.

Q2 조정 대상 지역 일시적 2주택 중복 허용기간 규제

A2 일시적 2주택자는 신규대출 후 3년 이내 종전 주택을 양도하면 비과세 혜택이 주어졌다. 그러나 9.13 조치 이후부터는 조정 대상 지역 내의 일시적 2주택자는 신규주택 취득 후 2년 이내에 종전 주택을 양도해야 비과세 혜택이 가능하다. 이 조치는 2018년 9월 13일 이후 새로 취득하는 주택부터 적용된다.

Q3 조정 대상 지역 신규 취득 임대주택 양도세 중과

A3 현재는 기준 시가 수도권 6억 원, 비수도권 3억 원 이하의 주택을 대상으로 조정 대상 지역의 다주택자가 임대 사업자 등록이후 8년간 임대 사업을 하면 양도소득세 중과에서 제외되었지만 앞으로는 1주택 이상자가 조정 대상 지역에서 새로 취득한 주택은 임대주택으로 등록을 한다 해도 양도세 중과가 적용된다. 신규 취득 임대주택 양도세 중과 조치는 2018년 9월 13일 이후 새로 취득하는 주택부터 적용된다. 하지만 2019년 9월 13일 이전에 전세 계약을 체결하고 계약금

을 지불한 경우에는 종전 규정이 적용된다.

Q4 양도소득세 감면 시 기준 시가 요건 추가

A4 9.13 조치 이전 양도소득세 100% 면제, 장기 특별공제 70% 규정에 대해 전용면적(85m² 이하, 수도권 밖 읍면지역은 100m² 이하) 기준과 임대기간(8년~10년)에 대한 요건만 있었으나 앞으로는 기준 시가 요건이 추가되어 임대기간이 시작할 때부터 수도권 6억 원, 비수도권 3억 원 이하 기준 시가 주택에 한해 적용된다.

Q5 조정 대상 지역 신규 취득한 임대주택 종부세 과세

A5 9.13 이전에는 8년 장기 임대 등록한 주택(수도권 6억 원, 비수도권 3억 원 이하)에 대하여 종부세 비과세(합산배제) 되고 있다. 앞으로는 1주택 이상자가 조정 대상 지역에 새로 취득한 주택은 임대 등록을 하더라도 종부세 비과세 적용이 안된다.

Q6 고가주택 종합부동산세 증가

A6 대상자는 조정 대상 지역 외의 2주택 보유자, 고가주택 보유자로 과표 3~6억 원 구간이 신설되었다. 과표 3억 원(시가로 따지면 약 18억 원 정도) 이하 구간은 현행 세를 유지하되 과표 3억 원 초과 구간은 0.2%~0.7% 인상된다.

Q7 주택 담보대출 규제에 대하여

A7 앞으로 2주택 이상 보유자는 규제 지역 내 신규 주택 구입을 위한 주택 담보 대출이 금지된다. 단, 1주택자는 규제지역 내에서 주택 신규 구입을 위한 주택 담보 대출을 원천적으로 금지하지만 추가 주택 구입 사유가 이사, 부모 봉양 등 실수요이거나 불가피한 사유로 판단되는 경우 기존주택을 최장 2년 이내 처분해야 한다. 규제지역 내 공시지가 9억 원 초과에 해당하는 고가 아파트 구입 시에는 실 거주 목적인 경우를 제외하고는 주택 담보 대출이 금지된다. 단, 무주택자가 주택 구입의 2년 이내 전입하는 경우 등은 예외로 한다. 이를 위반하는 경우 주택 관련 대출은 3년간 제외되며 9.13 조치 이후부터 적용시킨다.

Q8 청약시 분양권, 입주권 소유자는 무주택자에서 제외

A8 현재는 청약 당첨(조합원 관리처분 포함) 후 소유권 이전 등기 시부터 유주택자로 간주하고 주택 매각부터 다시 무주택기간이 계산되었다. 이렇게 하다 보면 청약 당첨 후 입주하기전에 분양권 전매하는 경우 주택을 소유한 것으로 보지 않아도 무주택 기간이 계속 인정되어 실수요자 당첨 기회가 제약받는 문제가 있었다. 따라서 앞으로는 무주택 기간 산정 시 청약 당첨되어 계약을 한 것은 주택 소유로 간주하여 무주택기간을 엄격하게 관리될 예정이다.

9.13 부동산 조치 이후 서울 집값이 안정세로 돌아선 것은 정부의 정책 때문이 아니라 미국의 금리 인상, 3고가의 시대로 불릴 정도의 강 달러, 고유가, 고금리가 투자자의 심리에 큰 영향을 준 것이 맞물려서 그렇게 보인 것이니 정부의 정책 때문에 서울 집값이 안정세로 돌아섰다고 섣불리 판단하지 말기 바란다.

3. 동네북으로 전락한 국토부 장관

　정권이 레임덕에 걸리면 인재를 개방해 등용시키는 것이 아니라 오히려 친정체제를 강화하기 위해 정권과 코드가 맞는 자기 진영의 사람을 쓰기 때문에 장관직을 수행하는 일에 전문성이 없는 사람이 장관으로 발탁되는 예를 우리는 수없이 봐왔고, 문재인 정부에서도 마찬가지라고 생각한다. 매우 안타까운 일이다. 나는 국토부 장관 김현미가 도덕성이나 사회정의적 관점에서 생각해 볼 때 문제가 없는 사람이라고 생각하고 있다. 그러나 김현미는 국토부 장관직에 오르기까지 정치권에서 자신의 경력을 쌓아온 사람이다.

　일국의 장관이 꼭 해당 분야의 전문가가 될 필요까지는 없다고 생각한다. 그러나 우리나라에서 부동산 시장을 관장하는 국토 부 수장은 업무의 복잡성과 국민의 기대치가 높기 때문에 어느 정도 수준의 전문성은 가지고 있어야 한다. 나는 지금까지 금융, 부동산이라는 한 우물에서 경력을 쌓아 왔으나 그럼에도 불구하고 나의 실력이 시장의 변화 속도를 못 쫓아간다는 것에 항상 좌절해 왔다.

특정 분야의 인재들이 차고 넘치는 세상이다. 그런데 정부의 개각이 발표될 때마다 김현미가 경질되자 않고 살아남은 것은 그가 문재인 대통령 진영 내의 사람이었기 때문에 자기 사람 챙기는 관행이 또 작용한 것으로 보인다.

정권은 임기가 후반으로 갈수록 상대 진영의 비난이 거칠어지고 국민의 지지율마저 떨어지는 경우 인재 등용 풀 자체를 넓혀 강호의 검증된 인재를 등용 시키는 것이 아니라 오히려 인재 등용 풀을 좁혀 자신들의 진영 내에서만 사람을 찾다 보니 민심과 유리된 인사를 등용하게 되는 것이다.

김현미는 개각에서 경질되지 않고 자신의 자리를 유지하자마자 첫 일성으로 다주택자에 대한 세제 지원은 과도한 측면이 있고, 잘못된 결정이었다고 고백하면서 다주택자에 대한 세제혜택을 줄이는 방향으로 법 개정을 추진하겠다고 발표를 했다. 일국의 장관이라는 사람이 1년 앞의 시장 흐름도 못 읽고 정책을 이런 식으로 발표한다는 것은 정부에 대한 시장의 불신을 키우고 시장을 혼돈에 빠트리는 일이다.

폭등하는 서울 집값은 세계적인 저금리 흐름과 이로 인한 과잉유동성이 버블을 키운 것으로 정부의 규제정책으로는 한계가 있다. 따라서 시장을 안정화시킬 수 있는 방법은 선제적으로 기준 금리를 인상하고 공급량을 늘리는 것이다.

현재 한국 부동산 시장은 인구 절벽과 그럼에도 불구하고 수도권으로의 인구 유입은 증가하는 인구의 비대칭성이 심화되고 있고, 서울과 지방간의 가격 양극화는 이제 패러다임으로 굳어져만가고 있다. 그리고 그 간극은 더 커져만 간다는 사실이다.

서울 집값이 오르는 것은 누구에게는 좋은 일이 될지 모르겠으나 국가의 균형 개발이라는 측면에서는 매우 우려스러운 상황이다. 앞으로 출생률을 늘리기 위한 특단의 조치가 없는 한 매년 출생아 수는 감소할 것이며, 지방의 중소도시에서는 빈집들이 늘어갈 것이 너무나 자명하다. 국가 자원의 효율적 이용이라는 관점에서 이 상황을 웃으면서 지켜보기에는 현실이 너무 심각하다. 정말 국가의 미래를 생각해서라도 자신의 경험 자본에 의한 위기 대응 매뉴얼 정도는 갖고 있고 지금 당장이 아니라 미래를 보는 혜안을 가진 사람이 국토부의 수장이 되기를 기대한다.

세상의 모든 일은 결국 사람의 지혜와 능력이 해결하는 것이다. 현재 서울 고가 아파트만 집값이 폭등하면서 상대적인 박탈감을 갖는 사람이 많다. 그렇다고 그들에게 빚을 내서라도 이 아

수라판에 뛰어들라고 할 수도 없는 노릇이고 참으로 답답한 대한
민국 부동산 시장의 현주소이다. 그럼에도 희망을 잃지 맙시다.

4. 부동산은 끝났다고 하는 시각에 대한 나의 생각

나는 저축은행의 대부계에서 사회생활을 시작했다. 그 당시 내가 담당했던 강남 아파트의 3.3m²(평)당 감정가가 6백만 원에서 8백만 원 정도였다. 지금의 강남 집값과 비교해 엄청나게 낮은 가격이었다. 그 후부터 거의 30년의 세월이 지났다. 현재 강남의 랜드마크 중 하나가 된 타워팰리스의 당시 분양가가 900만 원이었음에도 미분양이 발생했고 송파구의 올림픽 아파트도 분양 당시에는 미분양이었다.

지금 와서 돌이켜 보면 나도 이재에 밝은 선배들처럼 부동산에 올인 하지 않은 것을 후회하고 있다. 입사 동기들 중에 제법 부를 축적한 동기들은 선배들을 따라 부동산 투자에 일찍 눈을 뜬 사람들이었다. 가장 이재에 밝은 직업을 가졌다는 사람들도 부동산 투자의 결과에 의해서 개인의 부가 결정된 것이다.

투자는 인간의 합리적 계산에 의해서 결정되는 것은 아닌 것 같다. 만약 부동산이 과학적 데이터에 의해 그 결과가 결정되는 것이라면 부동산 시장은 붕괴가 돼도 벌써 붕괴가 되었어야 하지만 온각 악재에도 불구하고 오르는 부동산은 막을 수 없다는 것이 지금까지의 부동산 시장의 흐름이었다.

부동산시장은 아무도 예상하지 못하는 돌발변수에 의해 시장
이 재편되기도 한다. 금융위기 이후 아파트 가격이 폭락하면서
모두가 끝났다고 절망하는 시점에 서서히 오피스텔 원룸 주택의
인기가 달궈지기 시작했다. 이 시기에 일산의 장항동, 백석동 등
지에는 당시 일산에 공급된 소형 아파트들보다 더 많은 오피스텔
물량이 공급되면서 전문가 그룹 내에서는 걱정이 이만저만이 아
니었다. 그들은 부동산 시장에서 중요한 팩트 중 하나인 인구의
변동, 지역적인 수요의 차별화, 독신가구의 비약적 증가라는 사
회현상은 보지 못하고 그저 관행대로 자신들의 잣대로만 시장의
흐름을 분석한 것이었다.

2019년 현재 일산의 오피스텔 단지들은 분양 당시와 비교해 매
매가, 임대 회전율, 임대료에서 상전벽해와 같은 엄청난 발전을
해 오고 있다.

현재 대한민국 부동산 시장은 온갖 악재에 노출되어 왔다. 미
국 연준은 2018년 12월 20일 기준금리를 0.25% 인상해 미국 연
준의 기준금리는 2.25~2.50%가 되었다. 이로써 한국은행 기준
금리와는 0.75%의 차이가 난다.

그리고 정부의 대출 규제도 더 강화되고 있다. 이런 분위기에서 누가 과연 부동산 시장의 미래에 대해 긍정적인 대답을 하겠는가. 그러나 현상에만 집중하면 소리 없이 다가오는 시장의 소리를 들을 수가 없다. 나는 그럼에도 불구하고 이제 부동산은 끝났다고 하는 사람이 있다면 이는 시장의 속성을 모르고 하는 말이라고 생각한다. 금융위기 이후 우리나라 부동산 시장은 거의 10년간 불황의 길을 걸어왔다. 그러나 이는 아파트만을 초점으로 해서 본 것이지 부동산 시장 전체가 불황이었던 것은 아니다. 그렇다. 이 시기에 수익성 부동산이 시장을 이끌어 간 것이고, 단순히 집값이 떨어졌다고 수익성 부동산의 가치가 상승했던 것은 아니었다. 그러나 지금 저금리를 틈타 과격한 레버리지를 했거나 갭 투자 세력들은 입주물량의 증가와 정부의 강화된 대출 규제정책으로 마음이 괴로울 것이다.

하지만 시장의 흐름이라는 것은 돌고 도는 법, 그럼에도 희망을 잃지 말기 바란다.

5. 정부의 규제정책이 부동산 시장을 잡아먹을 것인가

내가 90년대 초 서울 강남 소재의 저축은행에 근무할 당시 시장 실세금리 역할을 하던 AAA 등급의 회사채 금리가 15%를 넘었었다. 현재의 한국은행 기준금리 1.75%와 비교하면 10배나 높은 금리의 시대였다. 따라서 나의 가족 친지들은 내가 예금을 부탁한 것도 아닌데 당시 큰형이 은행에 재직하고 있었음에도 모두 우리 회사에 와서 예금을 했다. 당시에 천만 원을 예금하면 2년 후 복리수익률이 50%였고 3년을 하면 만기에 원금의 100%를 이자로 받았다. 지금의 상황에서는 꿈도 못 꾸는 일이다.

그래서 한때 서울에서는 이런 말이 유행을 했었다. 강남 소재의 저축은행들은 부자들의 사금고라는. 그러나 금리가 떨어지니 이재에 밝은 강남 부자들이 부동산으로 말을 갈아탔고 현재도 그 흐름의 연장선에 있다고 봐야 한다. 이러니 정부의 온갖 규제정책에도 불구하고 서울 부동산은 매번 신고가 갱신을 계속하고 있는 것이다.

지금의 한국은행 기준금리는 1.75%에 머물러 있고, 미국 연준이 금리를 인상하였다고는 하지만 미국 연준의 기준금리는 2018년 12월 20일에 겨우 0.25% 올라 2.25~2.50% 구간에 있다. 우리나라와의 기준금리와 0.75% 차이가 난다. 이 정도의 금리면 여전히 저금리 흐름이 지속되고 있다고 봐야 한다. 2018년 9월 28일 미국 연준의 세 번째 금리 인상이 있었던 날, 공교롭게도 서울 마곡지구의 84m² 아파트의 가격이 분양가 대비 3배인 12억 원으로 올랐다는 기사를 접하게 된다. 이 시점은 정부가 서울의 집값을 잡겠다고 9.13 부동산 대책을 들고 나온 지 보름도 안 되는 시점이었다. 정부의 정책을 머쓱하게 만드는 기사였다.

나는 서울 시내버스를 타고 서울 근교를 주마간산식으로 다니는 것을 즐긴다. 서울역에서 경기 서북부 지역을 오고 가는 799번 시내버스를 타면 한창 개발이 이뤄지고 있는 삼송, 원흥지구와 그전에 개발이 끝난 은평 뉴타운을 거쳐 고양시의 식사, 덕이지구를 지나 파주 운정 신도시 그리고 금촌 지구까지 서울 서북부 지구를 한 번에 볼 수가 있다. 내가 799번 버스를 타고 이 지역을 보면서 느낀 점은 상전벽해가 따로 없구나 하는 생각뿐이었다.

예전에 내가 보았던 이 지역과 지금의 이곳은 너무도 달라져있었기 때문이다. 서울 지하철 3호선 구파발역 주변은 은평 뉴타운이 완전히 자리 잡아 예전의 은평 뉴타운을 차지했던 진관동의 모습은 거의 찾아볼 수 없을 정도가 됐고, 여기서 시내버스로 10분 거리에 위치한 삼송, 지축, 원흥 지구는 공사가 거의 마무리 수준에 와있다. 통일로를 축선 상으로 하는 경기 서북부 지역의 부동산 시장이 역사를 완전히 새로 쓰고 있다는 현실에 감탄할 뿐이고 강남역에서 시작하는 신분당선 북부 연장선이 은평 뉴타운까지 뚫리면 이곳은 수도권 서북부 지역의 랜드마크가 될 것이 분명해 보인다.

여기에 파주 금촌지역을 향하는 또 다른 한축인 자유로와 접해 있는 경기 서북부 지역 역시 수도권 광역 급행철도인 GTX A노선공사가 이미 운정 신도시에서 시작되고 있다. 만약 GTX A노선 공사가 완료가 되면 서울 강남권까지의 이동시간이 거의 70% 이상 단축된다. 이렇게 된다면 경기 서북부 지역은 은평 뉴타운, 일산 신도시를 포함한 거대 도시로 거듭나게 되는 것이다.

나는 시장주의자로서 현재의 부동산 시장에 대해 이렇게 생각하고 있다. 정부의 규제정책에도 불구하고 서울 집값이 폭등하는 것은 다 나름의 이유가 있다. 우선 금리 인상이 있다고 해도 그 폭은 매우 미비한 것으로 과거의 고금리 시대와 비교하면 매우 낮은 금리다. 저금리가 만든 유동성이 결국 금융권에서 이탈해 부동산 시장으로 유입될 수밖에 없을 것이고, 인구 절벽에도 불구하고 서울 수도권으로의 인구 유입 증가 현상은 이미 굳어진 패러다임 현상으로 정부도 막을 수 없다는 사실이다.

정부가 아무리 국토의 균형 개발이 국가의 미래를 위해 필요하다고 해도 개발 성장 시대에 돈맛을 알아버리고 돈이 세상의 모든 가치 중에서 으뜸이라고 생각하는 탐욕적인 국민들이 있는 한, 부동산 시장에서 정부의 정책은 먹혀들기 힘들고 결국 시장은 탐욕스러운 투자자들의 머니게임으로 변질될 것이다.

들리는 말에 의하면 서울 집값 폭등이 잠잠해지자 서울에 몰렸던 투기세력들이 하이에나가 먹이를 찾아 어슬렁거리는 것처럼, 지방의 대도시에서 또 집값 올리기 작업을 하고 있다고 한다.

대한민국에서 부동산 노매드형 투기세력이 근절되지 않는 한, 부동산시장의 혼돈은 미래에도 계속될 것이다.

6. 당신의 노후를 잡아먹는 민간 연금과 펀드

우리는 도심에서의 바쁜 일상을 뒤로하고 주말에는 휴식을 위해 도시근교의 고급형 민박 숙소 펜션을 찾는다. 그런데 이렇게 우리가 고급 민박 숙소라고 부르는 펜션과 자신의 노후를 위해 저축하는 연금과 동의어라는 사실을 알고 있는가. 그렇다. 우리가 고급 민박 숙소라고 알고 있는 펜션과 우리의 노후를 책임지는 연금은 원어로 "PENSION"으로 원어의 유래명이 같다.

이렇게 된 연유에는 영국의 은퇴자들이 노후생활을 위해 시골에서 민박집을 운용하면서 여기에서 나오는 숙박비로 자신의 노후생활을 한 것에서부터 시작되었다고 한다. 그러니까 연금은 자신의 노후 생활을 위한 생명줄 같은 돈이라고 할 수가 있다. 현재 우리나라의 민간 금융회사가 운용을 책임지는 연금 총액이 국가 1년 예산의 3배가 넘는 1,300조 원에 이른다고 한다.

금융회사는 이 막대한 돈을 굴려서 수익이 발생하지 않아도 운용수수료만으로도 엄청난 이익을 올리고 있다. 은행의 2018년 상반기 영업이익이 20조 원에 이르고 직원들의 평균 급여가 1억 원에 육박하는 이유는 은행이 전통적인 그들의 고유계정 상품의 예대마진으로 돈을 버는 것이 아니라 신탁이나 방카슈랑스, 펀드 같은 무위험 위탁 상품의 판매로 돈을 벌고 있기 때문이다.

이들 상품은 운용 결과에 대해 금융회사는 전혀 책임을 지지 않고 손실이 발생해도 수수료는 꼬박꼬박 받는 상품이다. 그런데 정작 자신의 노후 생명줄 같은 돈을 맡긴 투자자의 현실은 어떨까. 민간 연금의 운용수익률은 여전히 0%대로 시간이 갈수록 물가 상승율과의 격차는 더 심해져 가고 있다. 이렇다면 연금이 개인의 노후생활을 위한 것이라는 목적에서 벗어나 은행, 자산운용사, 증권사, 보험사 등 민간연금 운용 회사만 점점 더 배부른 돼지로 만들어 주고 있는 것이다.

펀드의 운용수익률이 떨어져 개인 투자자들은 원금 손실을 걱정하는 와중에 이들은 수익률이 떨어지건 말건 수수료로 돈 잔치하기 바쁘다. 그래서 그들은 그 돈으로 도심에 그들만의 거대한 성을 쌓아 올리고 있다.

자본주의는 제도를 장악하는 자가 승리한다는 말이 있듯이 금융자본들은 막대한 자금으로 의회에 로비를 해 금융제도를 그들에게 유리하게 만들어 왔다. 그래서 20세기 금융자본이 만든 최고의 히트 상품이 펀드라는 말이 생겨난 것이다. 펀드 운용 결과의 책임은 모두 투자자에게 떠넘기고, 투자 원금이 까지든 말든 꼬박꼬박 수수료는 챙기는 펀드 운용, 과연 이것이 정의로운 일인가. 그래도 투자금 대비 수익이라도 나오면 좋으련만 실제 운용 결과를 보면 펀드의 수익률이 시장 평균을 넘어선 적이 거의 없다.

그래서 민간연금, 펀드에 투자한 사람들만 호구가 되는 것이다. 펀드에 간접 투자하는 것이 유리하다는 말은 금융자본과 악어와 악어새의 관계에 있는 언론이 만들어낸 대중조작의 결과이지 절대 그렇지가 않다. 간접투자로 자신의 돈을 책임지지 못하고 남에게 의지하는 것보다, 자신의 주체적 역량을 키워 스스로 투자의 결과에 책임지는 직접투자가 결국 우리가 가야 하는 투자의 길이다. 여러분은 왜 정부의 규제정책에도 불구하고 임대 사업자 등록이 지속적으로 늘고 있다고 생각하는가. 전통적인 노후 생활 수단이었던 금융권의 연금, 펀드 상품이 저금리로 인해 노후 생활에 전혀 도움이 안 되기 때문에 노후의 생명줄 같은 돈을 가지고 임대주택 사업에 뛰어든 생계형 임대 사업자들이 늘고 있기 때문이다. 그래서 이들을 싸잡아 비난하는 일은 그 내막을 모르고서 하는 얘기다.

지금 나에게 수천만 원의 돈이 있다면 나 역시 레버리지를 해서라도 저가의 소형 오피스텔 단지가 몰려있는 시흥시, 안산시, 수원시 인계동, 중동 신도시의 오피스텔에 투자할 것이다. 아무리 소형 오피스텔의 수익률이 낮아졌다고는 하나 운용의 묘를 잘 살려 투자하고 관리하면 이자 내고 적어도 은행 예금의 4~5배 이상의 수익을 올리는 것은 일도 아니기 때문이다. 저금리 시대일수록 투자의 책임을 개인이 직접투자를 해야 살아남는 시대다.

최근 들어 부자 월급쟁이는 은행에 가지 않는다고 한다. 월급쟁이가 자신의 직무능력을 키워 급여를 올려주는 다른 회사로 점핑하지 않는 한 개인의 가처분 소득을 늘리기가 쉽지 않다. 그러나 자신의 직무능력이 남들이 인정할 만큼 뛰어나 다른 회사로 직급을 올려 이직을 하는 사람이 어디 그리 많은가. 하지만 이재에 뛰어난 사람들은 굳이 직급을 올려 타 회사로 이직을 하지 않아도 부자가 되는 케이스가 많다.

몇 년 전에 아주 평범한 월급쟁이가 저금리 흐름을 읽고 이를 이용해 낮은 금리로 대출을 받아 소위 레버리지를 노리고 자신이 회사에서 받는 월급의 두 배를 월세로 받아 부자의 길에 들어선 사람을 만났다. 그는 주로 저가의 오피스텔에 투자를 하였는데, 오피스텔 투자는 저가의 변두리 외곽으로 나갈수록 수익률이 비례해서 높아진다는 것을 알고 수도권에서 저가 오피스텔 단지가 몰려있는 시흥시 정왕동, 안산시 고잔동, 중동 신도시 등지의 저가 오피스텔 단지들은 대상으로 레버리지를 이용해 은행 이자를 내고도 높은 수익을 올렸고, 다시 레버리지를 이용해 오피스텔 투자를 늘림으로써 높은 수익률을 올리고 있다고 한다.

오피스텔 투자는 아파트와는 다르게 변두리 외곽으로 나갈수록, 저가일수록 투자금 대비 수익률이 비례해서 높아지는 특성을 가지고 있다. 실제 지역별 오피스텔 수익률을 비교해 놓은 통계 자료를 보면 수도권에서 집값이 가장 높은 강남의 오피스텔이 수익률이 가장 낮았고, 반대로 집값이 평균적으로 낮은 시흥시, 안산시, 수원시 인계동, 부천시 중동 신도시 등의 오피스텔 수익률이 가장 높았다.

생활비를 제외한 자신의 저축 가능금액에서 금융권의 고수익 상품인 RP, CMA, 발행어음 우량 기업 발행 회사채에 투자한다고 해도 세금공제 후 받는 이자는 3%를 넘기 어렵다. 그래서 영리한 월급쟁이들은 자신의 저축 가능금액으로 은행에 가지 않고 이미 오래전부터 저가 오피스텔에 투자해 높은 월세를 받아왔던 것이다. 현재 임대주택의 수익률이 떨어졌다고는 하나 저가의 변두리 소재 오피스텔, 대전, 천안권의 대학가 다가구 원룸 투자로 은행 이자의 5배 이상 받는 일은 어렵지가 않다. 투자를 해서 돈을 벌려면 정말 부지런해야 한다. 남보다 시장의 시그널을 먼저 읽고 이에 대비하는 능력도 키워야만 한다.

나는 투자 상품의 절대성이란 존재하지 않는다고 믿고 있는 사람이다. 현재의 투자환경에서 과연 어느 상품이 여러분을 부자로 만들어 줄 것인가. 그리고 여러분이라면 과연 어느 선택을 하겠는가?

7. 조정장세가 멈추면 서울 집값은 다시 오른다.

　문재인 정부의 경제정책은 전 정부와 다른 행보를 걷고 있다고 할 수 있다. 바로 전 정부에서는 대기업 중심의 성장 정책, 부동산규제 완화정책으로 대표되는 초이노믹스가 경제정책을 주도했었다면 J노믹스로 대표되는 문재인 정부의 경제정책은 전 정부의 경제정책을 180도 뒤집는 것으로 해석해볼 수 있다. 그러니까 현 정부의 부동산 정책도 달라진 정부의 경제 운용 정책의 빅 픽처 안에서 추진되고 있는 것이다.

　대한민국 부동산 시장에서 강남이 상징하는 의미가 제아무리 크다 해도 전국적으로 따지면 일부 지역에 불과한데, 정부는 강남의 다주택 보유자, 재건축 단지들을 겨냥한 부동산 대책을 매일 일기 쓰듯이 내놓았었다.
　정부의 강력한 부동산 규제정책이 시장과 궁합이 맞아 정부의 의도대로 진행되면 얼마나 좋겠는가, 그런데 정부의 집권 초기의 부동산 정책은 대한민국 부동산 시장은 강남을 제외하고 서울의 강북지역까지 얼어붙게 만들고, 지방권의 부동산은 이미 거래 절벽에 가격마저 하락했다. 이리하여 오늘에 와서 수도권과 비수도권과의 양극화 현상은 더 심각해져만 간 것이다.

정부도 강력히 밀어붙이는 부동산 정책이 의도하지 않는 결과들을 가져온다는 사실을 잘 알고 있을 텐데, 왜 정책의 방향을 수정하지 못하는 것일까.

문재인 정부 집권 1년 6개월 동안 크고 작은 부동산 정책이 9차례 있었다. 사람들이 보기에 따라서는 이 정부는 하라는 일은 안하고 부동산만 보고 있나라고 생각할 정도다. 문재인 정부의 부동산 정책은 폭등하는 주택 가격을 막고 주거복지 로드맵을 통해 정부가 공급물량을 늘림으로써 서민들의 주거안정에 초점을 맞추고 있다.

앞서 말한대로 문재인 정부 들어서 크고 작은 부동산 정책이 9차례나 있었다. 이는 시간적으로 참여 정부 시대 집권 기간에 있었던 17차례의 부동산 대책을 능가하는 것이다. 왜 이 정부는 이토록 부동산에 집착하는가.

문재인 정부가 종국적으로 의도하는 것은 무엇인가.

문재인 정부의 경제정책은 대기업 중심의 경제성장에 무게를 두는 혁신경제성장으로부터 중심축을 이동하는 것처럼 보이지만 이는 시장의 비난을 의식한 일종의 페이크 전략으로 보이고 결국 문재인 정부가 그리는 빅 피처는 소득 주도 성장 정책에 있다고 보여진다. 그러니까 소득 주도 성장이라는 빅 피처 안에 정부의 경제정책이 추진되고 있다고 보는 것이 정확하다.

소득 주도 성장 정책은 개인의 가처분소득을 늘려 소비지출을 늘림으로써 내수경기를 활성화시키고 이것을 바탕으로 지속 가능한 성장을 이루겠다는 것이다.

우리는 이명박, 박근혜 정부 당시 낙수효과를 노린답시고 대기업에 절대적으로 유리한 고환율, 법인세 감면 정책을 실행함으로써 대기업들이 생산한 제품에 날개를 달아주었던 것을 아직도 생생히 기억하고 있다. 그러나 기대했던 낙수효과는 없었고 고환율 정책으로 말미암아 수입 물가만 높아져 이것이 고스란히 서민들의 피해로 이어졌다. 이로 인해 일부 대기업들은 회사 창립 이래 최고의 영업이익을 얻게 되었고 그들의 영업실적은 주가에 반영되어 해당 기업 대주주들의 보유 주식 가치만 높이는 결과를 빗게 되었다.

현 정부는 대기업 중심의 경제성장이 기대했던 일자리를 늘리지도 못하고 계층 간 부의 양극화만 불러왔다는 것을 깨닫게 된다. 한국경제는 거시경제지표로는 조금씩이나마 성장하고 있는 것이 맞지만 성장의 질은 오히려 후퇴하고 있다. 이에 따라서 서민들의 삶은 더 팍팍해져만 갔고 국민소득이 3만 달러를 넘어섰다고는 하지만 이를 실감하는 국민은 얼마 되지 않는다.

이명박 정부 시절의 수출경기 호조도 전체 수출에서 단일 품목인 반도체가 17%에 이르는 등 일부 IT 업종이 주도했던 것이지 중소기업들은 수출 호조에 의한 원화의 강세로 수출경쟁력이 약화되어 더 어려운 처지에 놓여있었다.

문재인 정부는 전 정부의 정책을 반면교사 삼아 서민의 등골을 빼먹고 경제의 양극화만 심화시키는 대기업 중심의 성장 정책에 일정한 선을 긋고 있다. 문재인 정부는 일부 대기업에만 의존하는 경제정책에 문제를 제기하고 개인의 임금소득을 늘려 내수시장의 수요를 창출함으로써 경제를 균형 있게 끌어간다는 소득 주도 성장에 경제정책의 무게를 두고 있다. 따라서 현 정부는 소득 주도 경제성장이라는 빅 피처 안에서 세부적인 경제정책을 운용하고 있다.

결론적으로 문재인 정부가 이토록 부동산 규제정책에 올인하는 것은 문재인 정부의 경제 목표가 서민들의 주거안정과 소득분배에 절대적으로 기초하고 있기 때문이다.

그러나 지난 시간들을 돌이켜보면 정부가 시장의 소리에 귀 기울이지 않고 자신들의 신념만 내세워 시장을 강제적으로 끌어갈 경우 시장은 오히려 역반응 현상을 보인다는 것이다.

우리나라 사람들의 특이한 점이 투자시장에서만큼은 자신이 부자가 아님에도 부자처럼 생각하고 부자처럼 행동한다는 것이다.

정부는 불로소득을 노리고 부동산에 투자하는 다주택자들을 겨냥해 부동산대책을 내놓는다고 하지만 다주택자들 간에도 고가의 주택을 여러 채 보유한 진짜 다주택자가 있는 반면 노후를 월세에 기대 살기 위해 서민주택을 임대용으로 구입해 투자한 생계형 다주택자가 많다는 사실도 알고 있어야 한다.

정부가 부동산 규제정책이라는 완력을 써서 정부가 의도하는 정책의 효과를 거두기까지는 분명한 한계가 있다. 또 정부의 정책이 의도하지 않게 발생하는 풍선효과도 무시할 수는 없다. 정부가 강남의 재건축 단지를 겨냥한 규제책을 내놓아 강남을 찍어 누르자 이것의 반사 효과로 서울의 새로운 핵심 개발 축으로 떠오르고 있는 마포, 용산, 한남, 성수지구에서는 3.3m² 대지지분의 가격이 1억 원을 호가하는 곳이 속출하고 있다.

서울의 재건축 단지가 강남 반포지구를 포함한 11곳만 있는 것이 아니다. 강북의 도시재생이 활발하게 진행되는 지역의 재건축 재개발 단지의 빌라, 연립 등의 서민주택은 매물이 없어서 거래가 이뤄지지 않을 정도로 투자 붐이 일고 있다. 이것이 장기적으로 이어질는지는 장담할 수 없으나 정부가 오르는 부동산을 막는 데는 한계가 있다는 것을 말해주고 싶다.

문재인 정부의 정책적 목표는 일자리 늘리기와 경제 살리기이다. 정부의 정책이라는 것은 시장이 냉각됐다고 판단되면 언제든지 급변할 수 있다. 따라서 정부의 부동산 규제정책이 계속될 것이라고 보는 것도 과잉반응이다.

최근에 부동산 시장을 보는 시각에는 두 가지 방향이 있는 것 같다. 정부의 규제정책으로 부동산 시장은 냉각될 것으로 보는 시각과 정부의 규제정책에도 불구하고 부동산 강세는 계속될 것이라는 시각이 그것이다. 이 두 가지 방향에 대해서 언론도 헷갈려 하는 것 같다. 대부분의 논조가 그러하다.

부동산의 미래를 말하기 전에 미래에 돈이 되는 부동산과 돈이 안 되는 부동산을 구분해 설명할 필요가 있다. 긍정론자들은 부동산이 계속 오를 것이라고 자신의 기대가 다분히 섞인 말을 한다. 서울, 수도권에서 활발히 진행되는 도시 재생 사업이 다른 부동산 투자자들에게까지 영향을 미쳐 가수요를 불러온다면 상승세가 이어질 수도 있을 것이다. 그러나 현재는 아무리 저금리 국면이 계속된다고 해도 투자자의 유동성의 고리를 끊어놓는 대출 규제정책 때문이라도 레버리지 투자의 효과는 크게 반감될 것이다.

정부가 가용할 수 있는 부동산 규제정책 카드는 이미 다 나왔다. 이제는 정부의 규제정책 때문에 부동산시장이 위축되는 것이 아니라. 인구의 변화를 반영한 사회적 현상에 의해서 부동산 시장이 변화한다고 생각하고 장기적 관점에서 부동산을 바라봐야 한다.

금리는 오르고 유동성의 고리를 끊는 대출 규제정책의 시행, 여기에 9.13 조치로 인한 양도세 중과, 입주물량의 증가는 단기적으로 부동산 시장의 악재임이 분명하지만 그럼에도 불구하고 미래의 부동산, 반드시 오를 곳은 오른다는 사실은 부동산 시장의 진리임이 분명하다.

8. 더 늦기 전에 원룸에 투자하라

　임대 주택 사업을 하는 입장에서는 정부의 임대주택 활성화 방안이 시장의 소리를 대변하는 것이 아닌 이상, 공무원들이 늘 하는 탁상행정의 표본으로 그러려니 하겠지만 자그마한 것이라도 악재가 한 번에 몰리다 보면 여간 신경 쓰이는 것이 아니다.

　1980년대까지 IT 산업을 주도하던 대기업들은 시장에서의 독점적 지위를 이용하여, 자신들만의 생각으로 자신들에게 유리한 플랫폼을 만들고 시장의 소비자들에게 자신들이 생산한 제품들을 구매할 것을 강요했다. 즉 자신들의 생각으로 시장의 수요자들을 가르치려 했던 것이다. 이것이 가능했던 것은 시장이 수요가 그들의 공급을 앞질렀기 때문에 가능했던 일이다.

　대량생산 대량소비로 이어지는 현재의 경제 생태계에서는 과거의 경험요소인 가격과 품질의 우위만으로는 소비자의 마음을 잡을 수가 없다. 대량생산 대량소비의 시대에서는 가격과 품질은 더 이상 시장에서 차별적인 요소가 아니다.

거의 모든 기업들이 생산하는 제품의 품질과 가격은 차이가 나지 않는다. 가격, 품질 이외에 소비자의 니즈를 잡을 수 있는 것이 무엇인가. 눈에는 보이지 않지만 소비자의 마음을 흔들 수 있는 마케팅 전략이 그래서 필요해진 것이다.

돈이 없어도 투자할 수 있는 것이 임대주택 중에서 소형의 저가 오피스텔이다. 나는 오피스텔이 투자 상품으로서 절대적 가치가 있다고는 생각하지 않는다. 다만 현재의 투자시장 흐름에서는 은행예금과 비교해 상대적으로 수익성과 안정성에서 저가의 소형 오피스텔 투자는 확실한 우위를 점하고 있기 때문이다. 이미 이 시장은 시장의 니즈를 알고 저가 오피스텔 시장에 진출한 건설 회사들이 시장을 주도해 오고 있다.

나는 반복해서 말하지만 투자 상품의 가치에 있어서 절대성은 없다고 믿는 사람이다. 그러나 현재의 경제 흐름에서 상대적 우위가 있는 상품은 언제나 존재한다. 지금 시장금리가 과거처럼 고금리 시대이면 모를까 임대주택 이상의 안정성과 수익성을 담보하고 있는 투자 상품은 없다.

임대주택 시장에도 전체 부동산 시장이 그런 것처럼 불황의 파고가 높다. 2017년 기준으로 오피스텔의 입주물량은 7만 2천 실로 2004년 9만 2천 가구 다음으로 크게 늘면서 수익률이 하락했다고 한다. 공급물량 증가로 강남 소재의 오피스텔은 수익률 5%선이 무너져 4.89%로 떨어졌다.

현재 지방권 중에서 공급물량이 절대적으로 적었던 진주, 포항, 제주, 통영, 속초시 등의 오피스텔 임대수익률이 높은 지역들은 수익률이 10%를 넘는다고 한다. 오피스텔 투자는 역세권에서 멀어질수록, 매매가가 낮을수록 임대수익률이 높아진다. 그러니까 시세차익만 보고 투자하는 아파트와는 달리 오피스텔은 수익률의 역설이 존재하는 것이다.

그런데 내가 이 글을 쓰는 이유는 표면적으로 드러난 임대수익률의 역설을 말하기 위함이 아니다. 임대주택시장은 시장의 규모에 비해 대 고객 관계의 중요성을 말하는 CRM의 개념이 다른 사업영역에 비해 정착되지 않았다는 것을 말하고 싶었다. 따라서 자신이 갑의 위치에서 내려와 임차인이 무엇을 원하는지를 잘 듣고 이에 대응한다면 투자이익을 늘릴 기회가 많다고 생각한다.

임대주들이 과거의 관행대로 임차인은 이러이러 할 것이라고 자신들만의 생각대로 think하고 임차인의 니즈에 listen하지 않는다면 어떤 결과가 나올 것인가. 반면 자신의 노동수고를 아끼지 않고 임차인들의 니즈를 정확히 파악해 이를 실천에 옮기는 임대주들에게 표면적으로 드러나는 임대 수익률은 무의미할 수도 있다. 얼마든지 표면수익률 이상의 임대수익률이 가능해지기 때문이다.

생각하는 것과 소비자의 니즈를 잘 듣고 실행하는 것의 차이는 이렇게 다른 결과를 가져온다.

공급물량이 증가했다고 임대주택 시장의 투자가치가 낮아지는 것이 아니다. 다만 시장이 어려울수록, 임차인의 니즈에 귀 기울이는 사람은 언제든지 수익률을 확장 시킬 수가 있다.

이것이 임대주택 사업의 매력이고 미래 비전이다. 저금리 시대, 더 늦기 전에 임대주택에 투자하라.

9. 부동산 투자, 사랑하면 알게 되고 알게 되면 보이나니

사랑하면 알게 되고 알게 되면 보이나니 그때 보이는 것은 전과 같지 않더라. 이 글은 조선 정조시대의 문장가인 정암 유한준 선생이 김광국에게 부친 석농화원의 발문에 쓴 것을 유홍준 선생이 그의 저서 '나의 문화답사기'에 인용하면서 세간에 알려진 글이다. 사람은 한 번쯤은 사랑의 열병에 빠진다. 한 사람을 만나 사랑에 빠지고 나면 그녀를 만나고 와도 그녀 생각이 더 간절하고 더 그녀가 그립다.

나 때는 오프라인 시대로 지금처럼 SNS가 없어 사람에 대한 그리움으로 하얗게 밤을 지새운 날이 많았다. 헤어지고 나서도 그녀 생각이 간절했고 그녀에 대한 궁금증은 더해만 갔다. 사람은 대상이 누구이건 간에 사랑하면 알게 되고 그 사랑의 깊이는 더해만 간다. 20세기 최고의 미술작가 피카소의 명작 게르니카를 처음 본 사람들은 이 작품을 공포스럽고 괴기한 선과 면이 교차하는 추상화로만 받아들일 것이다. 그러나 그 의미 없던 그림의 내용이 스페인 프랑코 독재정권이 지배하던 시기에 스페인 정부가 분리주의자 세력인 북부 바스크 민족을 무차별 살육한 배경을 바탕으로 그린 그림이라고 알고, 다시 게르니카 명화를 감상한다면 예전에는 기인한 선과 면만 보이던 추상화에 불과했던 그림이 작품의 진정한 내면의 모습을 보게 될 것이다. 그렇다. 우리는 같은 사물을 보고 있지만 그 사물을 사랑하는 정도에 따라서 사물에 대한 가치는 이렇게 달라질 수 있게 되는 것이다.

우리는 모두가 자산 증식을 위해 부동산에 투자한다고 말을 한다. 하지만 과연 누가 얼마나 진정성 있게 노력하고 학습하느냐의 결과에 따라서 누구는 성공을 하고 또 다른 누구는 실패를 한다.

성공과 실패는 디테일의 악마에 있다고 한다. 대상이 사람이 아니더라도 사랑해서 열병을 앓는 것처럼 사랑하라. 사랑하면 알게 되고 알게 되면 보이는 모습은 이전과 다른 모습으로 보여진다.

나는 부동산 시장 현장에서 왕성하게 뛰는 선수들을 많이 봐왔다. 그중에 내가 만난 사람 중에는 나보다 연배는 어리지만 처음 보자마자 내공의 깊이가 보통이 넘는 사람들도 있었다. 그들과 서로 깊이 있는 대화를 나누지는 못했어도 선수는 선수를 알아보는 법이다. 그들이 자신의 레퍼런스를 장황하게 말하지 않아도 내공의 깊이가 있는 사람은 세상이 알아주는 법이다.

현재의 세상은 지수 함수적으로 급변하는 세상이다. 사람들은 이런 세상에서는 스페셜리스트보다 세상의 모든 흐름을 아우르는 제너럴리스트가 성공한다고 말을 하지만 나는 인생을 살아보니 어느 한 분야라도 최선을 다하는 사람이 성공하는 케이스를 더 많이 보아왔다. 그렇다. 무엇을 하든 한 분야에서 특출난 능력을 인정받은 사람은 만인이 알아보는 법이다. 부동산 투자 어려워 보여도 자신의 최선을 다하는 사람에게는 당하지 못한다.

세상의 모든 일이 그렇듯이 열심히 하는 사람은 당할 자가 없다. 만인이 정보를 생산하고 소비하며 공유하는 웹 2.0의 시대다. 아직까지도 학벌이니, 집안 배경 등을 성공의 요인으로 생각한다면 이는 시대착오적인 생각이다. 세상에 자신의 일을 열심히 하는 것 이상으로 성공의 조건은 없다. 현재 성공한 그들 역시 다 그렇게 시작했다. 세상의 주인공은 누가 뭐라 해도 나 자신이다. 힘들고 어려운 시대라지만 기죽지 말고 용기 내 삽시다.

10. 9·21 수도권 주택공급 확대 정책의 모든 정보

　참으로 세상은 요지경 속이다. 거침없이 서울 집값이 상승할 무렵에는 서울 집값을 잡기 위해서는 공급만이 유일한 해결책이라고 주장했던 사람들이 막상 수도권에 30만 가구에 이르는 주택을 공급하겠다는 정부의 9.21 정책이 발표되자 3기 신도시가 예상되는 지역에서는 입주물량의 증가로 집값이 떨어진다고 반발을 하고 있다. 정부의 9.21 아파트 공급정책은 수도권에 국한된 것으로 만약 이것이 현실화된다면 지금도 비대해진 수도권은 더 비대해지고, 수도권과 지방간의 양극화 현상은 더 심화될 가능성이 높아진다. 아래의 내용은 이번 정부의 9.21 수도권 공급 확대 정책에 관한 것이다. 무엇이 맞고 틀리는지는 여러분 스스로 판단해 여러분의 부동산 투자에 응용하기 바란다.

1. 9.21 주택 공급 정책의 사업적 의의와 추진방안

- 양질의 저렴한 주택이 충분히 공급될 수 있도록, 입지가 우수한 공공택지 30만 호를 확보해 2019년 상반기까지 계획을 완료시킨다.
- 신혼 희망타운(10만 호)은 사업 단축 등을 통해 2019년 하반기부터 분양에 착수한다.
- 도시 규제 정비 등을 통한 도심 내 주택 공급을 확대한다.

2. 수도권 공공택지 확보를 통한 30만 호 추가 공급

- 1차 17곳 3.5만 호 선정

  -서울 11곳 약 10,000호

  -경기 약 17,160호, 인천 1곳 7,800호

- 2차 26.5만 호도 조속히 택지 확보를 계획한다.

  -서울과 1기 신도시 사이에 대규모 택지 4~5개소 20만 호, 중
  소 규모 택지 약 6.5만 호 공급

- 주택 공급

  -공급시기를 최대한 앞당겨 2021년도부터 순차적으로 주택 공급

  -전매 제한 강화(최대 8년), 거주 의무기간(5년) 등 투기 목적
  주택 구입 방지

- 신혼희망타운 조기 공급

  -2018년 첫 분양, 2022년까지 수도권에 5.4만 호 분양

- 도심 내 주택 공급 확대

  -도시 규제완화를 통한 상업지역 등에 주택 공급 확대

  -개발사업의 기부체납 제도 개선

  -역세권 분양, 임대주택 공급 확대를 위한 제도 개선

- 1차 17곳 3.5만 호 개발 선정

  -구성동 구치소, 개포동 재건마을(1,640호) 등 11곳 약 1만 호

  -경기 광명, 의왕, 성남, 시흥, 의정부 등 5곳, 17,160호

  -인천 검암 역세권 7,800호

주요 개발 예정지 요약 내용정리

	지역	면적(천m²)	주택수(호)	입지특성요약
서울	구성동 구치소	52	1,300	• 지하철 3,5호선 • 오금역과 도보 2분거리의 준 역세권
	개포동 재건마을	13	340	• 지하철 3호선 • 매봉역과 1km 내에 위치
	비공개 9개 부지	348	8,642	• 사전절차 이행 후 서울시가 공개예정
경기	광명 하안	593	5,400	• 광명IC 2.5km, 금천IC 2.0km 거리
	의왕 청계2	265	2,560	• 인덕원역(4호선) 2.0km 거리
	성남 신촌	68	1,100	• 수서역 3km, 복정역 1.8km • 송도IC 2.0km 인근
	시흥 하중	462	3,500	• 신현역, 시흥시청역 2km거리
	의정부	518	4,600	• 녹양역 인근
인천 검안 역세권		783	7,800	• 검암역(공항철도, 인천2호선) • 검바위역 1km 거리 • 인근 5km 이내에 청라지구 가 입지해 있음

• 추진일정

–2019년 상반기 지구 지정 완료

–2019년 하반기 지구계획 수립 및 보상 착수 후 2021년 주택 공급 개시

11. 당신이 모르는 주택연금의 진실 혹은 거짓

연금(pension)이란 자신의 생애 주기에서 자신이 경제활동 기간 동안 발생한 소득의 일부를 떼어 내어 저축의 방식으로 장기간 불입해서 생활력이 떨어지는 노년기에 저축한 금액을 죽을 때까지 나눠 지급받아 노년의 생활자금으로 쓰는 목적으로 가입하는 것으로 정부의 공적연금인 국민연금, 민간부분의 개인연금, 퇴직연금, 개인연금보험, 개인연금펀드를 다 포함시키는 개념이다. 그러나 우리가 흔히 알고 있는 주택연금은 이러한 연금의 개념과는 거리가 있다.

우리는 보통 주택연금을 역 모기지론으로 원어로는 reverse mortgage로 표기한다. 역 모기지론은 "주택을 담보로 해서 한국주택금융공사 혹은 일반 금융회사에서 일정 기간 일정 금액을 연급형식으로 지급받는 상품"으로 정확하게 말해서 '장기주택 저당권 대출상품'을 가리키는 것이다. 왜 우리가 주택연금을 역모기지론이라고 부르는 이유는 모기지론 다시 말해 주택 저당권 담보 대출은 주택을 담보로 해서 주택 구입자금을 빌려주는 대출 제도이다. 그러나 역모기지론은 이미 집을 소유하고 있는 사람이 이를 담보로 생활자금을 받는다는 것이 역 모기지론, 즉 주택연금의 기본 개념이다. 역 모기지론은 수령자가 사망할 때까지로 가입기간이 20~30년에 이를 정도로 길다. 주택연금으로 부르는 역모기지론의 정확한 표현은 "장기 주택 저당권 대출"이다.

역 모기지론은 1995년부터 일부은행에서 도입해 실시됐으나, 그동안 지지부진하다가 2004년을 기점으로 주택연금을 본격적으로 다루는 정부기관인 한국주택금융공사가 설립되면서 그 시스템을 갖춰나가기 시작한 것이다.

주택연금 가입자가 되면 가입자와 그 배우자가 사망할 때까지 연금이 지급된다. 하지만 담보로 제공한 자기 보유의 주택이 재건축, 재개발로 소유권에 변화가 생기거나 소유권을 잃게 되면 예외적으로 주택연금의 지급이 종료된다. 주택연금의 지급 방식은 죽을 때까지 매월 일정액이 지급되는 종신지급형과, 일정한도(대출금의 50%)까지는 개별 인출이 가능하고 그 차액을 매달 지급하는 종신 혼합형 2가지 중 선택이 가능하다. 주택연금은 크게 다섯 가지 점에서 장점이 있다.

첫째, 주택연금 가입자는 평생 거주, 평생 연금이 지급이 된다. 대상 주택에 계속 거주할 수도 있고 매월 약속한 연금을 가입자가 사망을 할 때까지 받기 때문에 주거와 고정소득이 보장되게 됨으로 노년층의 주거와 생활비 마련이라는 두 마리 토끼를 잡는 효과를 얻을 수가 있다. 주택연금은 가입시점의 집값을 기준으로 연금 지급액을 결정하기 때문에 집값의 하락에 따른 자산 가치의 위험으로부터 벗어 날 수가 있다.

두 번째, 주택연금은 공적 보증이 보장되어 연금 지급 중단의 위험이 없다는 것이 장점이다.

세 번째, 한국주택금융공사의 대출 금리는 일반 시중은행의 주택 담보 대출금리보다 낮다. 주택연금은 변동금리를 적용해 3개월 CD 금리 평균에 가산금리 1.1%를 적용시킨다.

네 번째, 주택연금은 주택 근저당 설정에 들어가는 등록세, 교육세, 농어촌 특별세, 국민주택채권 매입 의무가 면제되기 때문에 설정비용이 거의 들어가지 않는다.

다섯 번째, 주택연금은 저당권이 설정된 주택에 대한 재산세가 25% 감면되고, 매년 내는 이자비용 중 200만 원 한도까지 소득세가 공제된다. 그러나 이제 우리가 알고 있듯이 주택연금은 장기 저당권 대출상품이지 통상 우리가 부르고 있는 연금상품이 아니다.

이런 대출상품을 이용하기 위해서 장기간 집의 소유권을 담보로 맡기고 매월 대출금 일부를 쪼개서 장기간에 걸쳐 나눠 받는다는 것이 과연 경제성이 있는 행위인가에 대해 우리는 의문을 가져야 한다. 대출금에 대한 이자는 물론이고 주택 가격에 0.5%에서 1%에 이르는 보증 수수료도 내야 해 발생하는 비용도 결코 적지 않다. 최근의 서울 집값 폭등처럼 집 가격이 올라가도 대출금(연금 형식으로 지급)을 증액 받기도 어렵고, 해지하는 과정도 복잡하다. 왜 내가 소유한 집의 권리를 기관에게 의탁해 자신의 권리를 스스로 포기 하나. 나는 개인적으로 이해가 되지 않는다. 앞으로 주택연금에 가입할 의사가 있는 사람들은 한국주택금융공사의 말만 듣지 말고 다양한 시장의 의견을 듣고 그 경제성 여부를 잘 판단해 가입할 것을 권한다.

제 3 장

부동산의 미래,
무엇을 어떻게 투자할 것인가.

1. 현상에 집중하면 시장의 흐름을 놓친다.

나는 개인적으로 어떤 일이라도 1만 시간을 쏟으면 해당 분야의 전문가가 된다는 1만 시간의 법칙을 믿고 있다. 그렇다. 해당 분야에 관심을 갖고 1만 시간이 아니더라도 해당 분야에 관심을 갖고 시간을 투자하다 보면 당연히 이전에는 몰랐던 사실을 알게 되고 해당 분야의 지식이 크게 는다.

부동산에 큰 이슈가 있으면 방송사는 부동산 분야의 전문가들을 불러 놓고 토론을 한다. 그러나 나는 그들이 얘기하는 것보다. 현장에서 일하는 실무자들의 얘기를 더 귀담아듣는다. 그들은 항상 현장에 있기 때문에 지역 내에서 벌어지는 모든 사안에 대해서 관심을 갖고 있고 지식과 정보를 찾는 일을 게을리하지 않기에 그렇다. 그들의 고객은 현장을 보고 바로 묻기 때문에 지역의 현안과 부동산 시장의 흐름을 공부하지 않으면 그들의 질문에 제대로 답을 할 수가 없다. 그들이 만나는 투자자들은 대부분이 실수요자로 디테일한 부분에까지 세세하게 현실적인 문제를 가지고 질문을 한다. 투자 정보를 한 귀로 흘러듣고 현상에만 주목하다 보면 시장의 흐름을 놓치기 십상이다.

부동산 시장이 호황인 장에서는 설사 악재라고 해도 호재로 둔 갑되기 일쑤다. 2000년대 중반으로 기억된다. 당시는 세계적인 부동산 버블로 인해 정부의 부동산 규제정책에도 불구하고 부동산 가격이 하루가 다르게 신고가를 갱신해나가던 시기였다. 당시에 는 대형 아파트가 주택시장을 주도해 나갔다. 그러니 나홀로 단 지의 대형 아파트까지 투자자들이 몰려들었던 것이다. 당시에는 "1970년 초에 국민주택 개념으로 지어진 구형 아파트는 2베이 방 식으로 지어져 아파트 구조가 열악하지만 현재 지어지는 대형 아 파트들은 3베이 구조로 채광이 좋고 무엇보다 공간 활용에 있어 서 쾌적성이 좋아 사람들이 선호하는 아파트라고, 그리고 개인의 소득이 늘어나면서 사람들의 1인 주거 면적이 넓은 아파트를 선 호함에 따라서 앞으로 주택시장은 대형 아파트가 주도할 것"이라 는 논리가 시장의 지배 논리였다. 이렇게 현상에만 주목하니 곧 다가올 인구 절벽의 시대를 예상하지 못하는 우를 범하게 된 것 이다. 그리하여 대형 아파트가 단일 지역으로는 가장 많이 공급 된 용인시의 대형 아파트들은 여전히 고전을 면치 못하고 있다. 어디 이곳뿐이겠는가. 서울을 제외한 수도권 전체의 대형 아파트 들이 이런 지경에 처해있다.

서울 집값의 미래를 두고 시장에서는 자신의 포지션에 따라서 다양한 의견들이 혼재되고 있다. 물론 대세적 논리는 금리 인상,

정부의 강경한 부동산 정책으로 부동산시장이 약세장으로 전환될 것이라는 것이다. 정말 그럴까. 지금 제기되는 문제들은 침소봉대되는 측면이 있다. 한국은행은 기준금리를 소폭 인상하는데 그치고 있고, 증권시장에서 형성되는 시장 실세금리는 오히려 하향 안정세 흐름을 보이고 있다. 정부의 정책 역시 강경책과 시장친화적인 공급정책을 병행해 부동산 가격이 폭락하는 것을 막는 느낌이다. 그리고 무엇보다 시장의 참여자들에게 정부의 부동산 정책은 식상한 레퍼토리가 되고 있다. 그래서 내가 하고 싶은 말의 결론은 너무 현상에만 집중해서 부동산을 보면 시장의 흐름을 놓친다는 것이다. 송파구 가락동 시영아파트가 재건축된 핼리오시티 9,500가구의 물량이 본격적인 입주를 눈앞에 두면서 전세가가 하락하고 세입자 찾는 일조차 어려워졌다고 한다. 이 문제역시 현상만 보면 송파구의 주택시장이 변곡점을 맞고 있는 것처럼 보이지만 시간이 지나면 이 문제들은 언제 그랬냐는 듯이 다시 정상적인 흐름을 이어갈 것이 확실하기 때문에 이렇게 물량이 많이 풀려 가격이 약세 흐름을 보일 때가 오히려 좋은 투자의 기회다. 그리고 시간이 지나고 나서 생각해보면 그때 잘 투자했다는 생각이 들것이다.

그렇다. 투자는 현상에 집중하다 보면 미래의 흐름을 읽을 수가 없다. 우리가 매일 경제 신문을 읽고, 주식, 금융시장의 변화를 전반적으로 체크하는 것이 무슨 이유에서 인가. 부동산 투자를 좀 더 잘하기 위해서다.

자연수명이 아무리 길어졌다고는 하나 인간은 봄, 여름, 가을 그리고 겨울을 100번 반복해서 살면 우주의 먼지로 사라지고 마는 존재다. 우주로 치면 찰나에 불과한 시간을 살 뿐인 인간은 태생적으로 동물의 본능을 갖고 태어났지만 그럼에도 성장하는 과정을 거치면서 개인의 학습, 성찰, 타인과의 관계 속에서 진화하고 발전하는 존재이기도 하다.

인간이란 우주가 지워준 지구라는 세트장에서 잠시 머물다가 그 자리를 언젠가는 비워줘야 하는 존재다. 부동산 투자가 아무리 중요하다고 해도 인생의 전부라는 생각으로 찰나의 순간에 탐욕에 사로잡혀 하는 투자는 스스로 삼가자. 과도한 욕심은 언제나 실패를 부르는 법이다. 부동산 투자는 단 한 번의 실패에도 인생 전체를 망가트릴 수가 있다.

진화심리학자들은 두 살 먹은 아이들의 손에 총을 쥐여주면 세계 인구의 절반은 이미 죽었을 것이라고 말을 한다. 철없는 아이들은 모두가 천사 같고 순수하다고 생각할지 모르지만 인간들이라는 존재는 학습, 타인과 어떤 관계성을 맺느냐에 따라서 도덕적으로, 윤리적으로 진화하는 삶을 산다고 생각한다.

항상 자신을 성찰하고 좋은 인간관계를 맺느냐는 스스로의 의지와 노력으로 가능하다고 생각한다. 부동산 투자 과정에서 만나는 모든 이해관계자들에게 일기일회의 마음으로 정성을 다하라. 투자 결심은 혼자 하는 것이지만 투자에 이르기 까지는 여러 사람이 함께하는 것이다.

우리가 사는 세상이 결코 만족스러운 세상이 아직 되고 있지는 못하지만 그래도 우리 사회는 제도적으로 진보해온 것도 사실이다. 고고학자들이 눈으로 뒤덮인 알프스산 정상의 빙하 속에서 구석기시대의 유골들을 찾아내 유전자 검사를 해봤더니 대부분의 사람들이 전쟁으로 인한 상처 때문에 죽었다고 한다. 인류 역사상 가장 참혹했던 전쟁으로 평가되는 세계 2차 대전 당시보다 인구 대비해서 구석기 시대의 인류가 더 많은 전쟁으로 사람들이 죽었다.

우리나라 부동산 시장도 인간은 진보한다는 진화심리학의 연장선에 있었던 것은 아닐까. 예전에는 은행권의 부동산 감정서 조작, 부풀어진 대출 가능금액, 이 과정에서 발생했던 불법적인 리베이트의 문제 등은 과거에 통상적으로 벌어졌던 관행이다. 지금 이렇게 했다가는 큰일 난다. 부동산시장의 전반적인 시스템도 분명히 좋아진 것이 사실이다. 시장이 과거보다 투명해지니 초보자도 얼마든지 경매시장에 참여해 전문가 수준의 투자를 할 수 있게 된 것이다.

그러나 예전과 변함없는 것은 부동산에 투자하는 사람들이 시장의 흐름에는 큰 관심이 없다는 것이고 들으려고도 하지 않는다는 것이다. 부동산 투자에서 진화된 인간의 모습이라는 것은 어떤 모습일까. 부동산시장을 둘러 싸고 있는 외부환경을, 그것이 부정적이든 긍정적 시그널이든 간에 이것을 받아들이고, 앞으로의 투자방향을 데이터 중심으로 과학화하는 것이다. 그리고 부동산과 금융이라는 것은 흡사 물고기와 물의 관계처럼 하나의 고리로 이어졌다는 사실을 명심해야 한다.

부동산 투자에 올인 하는 사람과 대화를 나눠보면 상당수의 사람들이 자신의 신념에 사로잡혀 자신만의 의견만 피력하고 남의 의견은 무시해버리는 일이 다반사다. 만약 지금의 상황에서 대출금리가 3%만 올라도 부동산 시장이 파국을 맞을 것이다.

부동산 투자로 돈을 버는 것도 중요한 일이지만 부동산 투자로 인해 곤욕을 치르지 않는 것도 부동산 투자를 잘하는 것이다.

2. 인구 절벽보다 인구의 비대칭을 걱정해야 하는 시대

고령화 사회로의 진입 조건을 학계에서는 전체 인구 중에서 65세 이상의 인구가 15% 이상을 차지하고 있으면 고령화 사회로 진입했다고 보고 있다. 이 기준에 따르면 우리나라는 2018년부터 본격적인 고령화 사회로 진입 중이다. 인구 절벽의 고령화 사회로 진입하면서 부동산 지형이 요동치고 있다. 아직까지 서울을 중심으로 하는 수도권은 인구 절벽 현상과는 무관하지만 수도권 집중 현상이 심화되면서 지방의 중소도시는 인구 절벽으로 인한 인구 절대 감소 현상이 현실화되고 있다. 인구 절벽 현상은 시간이 지날수록 강도를 더 해 갈 것이고 우리는 이에 대비할 필요가 있다.

부동산 시장에서 인구가 줄고 있는 것 이상의 악재가 또 있을까. 우리나라의 인구는 매년 감소하고 있다. 2018년은 우리나라가 인구 절벽 시대로 진입하는 첫해다. 유아 출생률은 20년 전보다 절반으로 줄어들었다고 한다. 이에 따라서 취학 인구의 감소로 빈 교실이 늘고 있고 이는 대학 진학자 감소, 취업인구의 감소로 이어진다. 취업인구가 감소한다는 것은 부동산 시장에서의 잠재 수요층이 감소하다는 것을 의미하며 장기적으로 부동산 시장

에서는 악재다. 사람들의 생각은 현재에만 머물러 인구감소 현상
이 몰고 올 미래의 불황에 대비하지 못하고 있다. 사람들은 불황
이 현실이 되었을 때 비로소 위기를 피부로 느끼는 존재다.

일본 경제의 소위 잃어버린 20년에 걸쳐 진행된 경기 불황의
길고 긴 암흑의 터널이 시작된 시점이 바로 인구 절벽에 의한 것
이다.

일본은 1996년부터 인구가 줄기 시작했고, 우리나라도 2018년
이후부터 인구감소에 의한 인구 절벽의 시대로 진입하고 있다.
인구 감소로 청년 인구가 감소하면 과연 어떤 현상이 벌어질 것
인가. 우선적으로 생각나는 것이 청년층이 자주 가는 커피숍, 술
집, 유흥, 오락업종의 점포들이 점차 사라지게 될 것이다. 동네
상권에 은퇴자들의 편의점, 커피숍, 음식점 창업 행렬은 끊임없
이 증가하고 있지만 장사가 되는 곳은 대도시, 지방도시 번화가,
역세권에 한정될 뿐, 거의 대부분의 지역에서 창업이 느는 만큼
또 그 이상의 점포가 사라지고 있다.

지방도시는 밤이 짧다. 그런데 인적도 없는 그곳에 밤에도 네
온사인을 환하게 밝히고 있는 곳은 편의점 간판뿐이다. 지방도시
어디를 가나 인적이 끊어진지 오래됐고 편의점만 24시간 불을 밝

히고 있다. 유동인구가 줄어드는 곳에 점포를 차리면 안 되는 줄 모두들 알 것이다. 알면서도 하는 것이다. 할 수 있는 것이 그것 밖에는 없으니까. 아무것도 안 하는 것보다는 낫다고 생각하기 때문에 하는 것이다.

이처럼 인구감소 현상이 내수경제에 미치는 영향이 엄청난 것임에도 불구하고 정부는 인구 절벽을 해결하려는 어떤 의지도, 정책도 없는 것이 현실이다.

인구 절벽은 이미 일본도 이런 현상을 겪어왔고 이 흐름은 현재 진행 중이다. 인구 절벽으로 소위 말하는 골목상권이 무너지면 내수기업의 경영이 악화된다.

한국경제는 해방 전후부터 70년간을 성장만 해왔다. 그러나 이제 인구 절벽으로 이 흐름을 계속 이어 나갈 수가 없게 됐다.

인구 절벽으로 인한 일본의 잃어버린 20년의 결과는 매우 심각한 것이었다. 경제성장으로 급격하게 지어진 신도시의 상당수가 유령도시처럼 변했다. 대규모로 지어진 아파트 단지들의 거주인구가 크게 줄어들면서, 아파트 관리비마저 못내는 처지에 있는 가구 수가 증가하고 엘리베이터마저 가동이 중단되는 결과까지 빚어지고 있다고 한다.

우리나라도 인구 절벽으로 중소도시의 인구는 매년 감소하고 있다. 인구 절벽에 인구의 비대칭성 현상까지 겹쳐 우리나라의 부동산 시장의 양극화는 깊어만 간다.

인구 절벽의 시대로 진입하면서 일본의 1억 명 중산층의 시대는 마감되고, 중산층의 상당수가 빈곤층으로 전락하면서 사회의 안전망마저 크게 흔들리는 결과를 초래한 것이 인구 절벽으로 인한 일본의 현재 모습이다.

인구가 감소하고 생산인구마저 줄어든다면 세수는 줄어들 수밖에 없다. 보편적 복지 정책을 늘려나가기 위해서는 증세는 필수 항목이다. 증세의 재원은 그동안 실질적 법인세 감면 혜택을 받아온 대기업을 중심으로 증세를 해야 한다. 가난한 사람에 대한 간접세를 늘려 이를 재원으로 삼는 것은 최소화해야 한다. 담뱃값 인상으로 가장 피해를 보는 자들은 하층의 노동자들이다. 이들은 쉬는 시간에 노동의 고단함을 잊기 위해 피는 담배가 유일한 위안거리다. 그러나 담뱃값 인상으로 세수는 13조 원이 걷혔으나 담배를 피는 이들의 엥겔지수는 크게 올라, 이들을 더 가난하게 만들고 있다.

지금까지 부동산 성장론자들은 국토의 70%가 산지이고 택지 개발을 할 땅 자체가 얼마 남아 있지 않은 나라에서 부동산은 오를 수밖에 없는 구조라고 말을 해왔다, 그러나 신자유주의의 세계 경제 속에서 우리나라 기업들은 세계시장에서 경쟁하기 위해 생산비가 낮은 국가로 떠나고 있으며 이는 제조업의 공동화 현상으로 나타나고 있다.

그리고 무엇보다 지역 간 양극화로 인해 수도권 인구는 늘고 있는 반면 비수도권의 인구는 계속 줄어들고 지방 중소도시에는 빈 집들이 늘어나고 있는 상태다.

대한민국은 인구 절벽 현상에도 불구하고 인구의 지역 간 비대칭성으로 인해 사람들은 서울, 수도권으로만 몰리고 있다. 이러니 부동산은 이제 끝났다고 하는 순간에도 수익성 부동산, 그중에서 특히 임대 회전율에서 앞서 있는 서울 수도권의 임대주택 시장으로 돈이 몰리고 있는 것이다.

그렇다. 우리나라는 인구 절벽 현상에도 불구하고 지역 간 인구 비대칭성의 현상이 증폭되면서 수도권과 비수도권 간의 양극화 현상은 도를 지나칠 정도까지 확대되고 있다.

시장에서 가장 훌륭한 선생은 시장의 목소리에 귀 기울이고 그대로 따라 하는 것이라는 말이 있다. 정부나 기업이나 마찬가지다. 그런데 투자자의 목소리는 듣지 않고 정부가 국토 종합개발이라는 어젠다에 사로잡혀 무리하게 공급정책을 추진하면서 결국 전국의 땅값만 올려놓은 꼴이 됐다. 이때 토지보상금으로 풀린 막대한 돈들이 결국 강남 3구에 집중적으로 몰리면서 강남집값만 올려놓아 강남 3구를 가리켜 전국구 부동산이라는 말까지 생겨난 것이다.

현장에서 만나는 투자자의 공통점은 대부분의 사람들이 자기 결정 장애가 있는 사람들이다. 자신이 결정을 못 하니 자칭 전문가라는 사람에게 의존하게 되고, 그리되면 소위 낚임을 당해 별것 아닌 정보를 비싼 값을 치르고 나서야 얻을 수가 있다.

만인이 정보를 생산하고 공유하는 시대에 전문가가 어디 있는가. 내가 자주 찾는 인터넷 재테크 카페의 글을 보면 아마추어라고 스스로 포지션을 낮추지만 실제로는 전문가 이상의 콘텐츠를 가진 선수들의 글이 많이 올라와 있다.

전문가들이라고 다르겠는가. 그들도 똑같다. 다만 우월적 지위를 이용해 같은 내용의 썰을 풀더라도 더 그럴싸하게 보일 뿐이다. 학교에서 투자를 가르쳐주는 것도 아니고, 시장은 변화하기 마련인데. 누가 과연 시장의 미래를 단언할 수 있단 말인가.

3. 정부의 주택 공급정책에 대한 또 다른 생각

서울의 과밀현상을 분산시키는 효과를 노리고 건설된 2기 신도시가 제 역할을 못하고 있는 것이 현재의 상황이다. 2기 신도시 개발과 동시에 발표됐던 신도시 교통개발의 공사 지연율이 97%에 이르고 있다고 한다. 그리고 전체 교통개발의 25%가량은 이미 10년 이상 지연되고 있다. 이렇게까지 2기 신도시의 교통망이 미비한 현실에서 서울·수도권에 30만 가구를 일시에 공급한다고 서울 인구의 분산 효과가 발생하는 것이 아니다.

2기 신도시가 서울 인구의 분산 효과를 기대만큼 효과가 없는 상황에서 다시 서울로 유턴하는 현상마저 나타나고 있다. 2018년 미친 듯이 올랐던 서울 집값의 폭등세가 이 현상과 연결고리 지어 있다고 봐야 할 것이다. 그런데도 정부는 9.21 수도권 주택공급 확대 방안 정책을 발표하면서 총 20만 가구에 이르는 3기 신도시 계획을 발표했다. 하지만 단순히 수도권에 많은 물량의 아파트를 공급한다고 해서 인구 분산 효과를 거두는 것이 아니다. 그런데 2기 신도시도 아직 자리를 못 잡고 있는 시점에 3기 신도시까지 개발되면 지금도 교통망이 미비한 2기 신도시의 아파트 가격만 정체되는 역효과를 불러올 수 있다. 따라서 택지지정을 반대하는 지자체의 목소리가 높아지게 된 것이다. 서울시와 그린벨트 해제를 놓고 의견이 충돌하고 있는 고덕, 강일지구의 신혼희망타운 공급 강행 논란 등의 문제로 서울 강동구, 광명시 등의 지자체에서는 국토부의 일방적 발표에 적극적으로 반대 의사를 표명하고 있다.

부동산 가격을 결정하는 요소는 매우 많다. 시장금리와 대출금리의 인상, 외환시장의 동향, 이에 영향받은 시장 유동성, 정부의 정책, 사회적 측면에서의 인구이동 등 그러나 실제 부동산 시장에서 단기적으로 가장 영향을 주는 것은 아무래도 공급물량이 될 것이다.

지금까지 우리가 우려해 왔던 금리 인상의 문제는 한국은행이 소폭으로 금리를 올려 경제에 충격을 주지 않은 선에서 인상했기 때문에 부동산 시장에서는 이미 노출된 카드다. 이제는 금리 인상 문제보다 투자자들에게 직접 피부로 와닿는 것이 대출 규제 강화 정책이다. 대출 규제 강화는 투자에 가용할 수 있는 자금, 즉 유동성의 고리가 일부 끊기는 일이 될 것이기 때문이다. 다음으로 서울 집값을 잡기 위해서는 공급량을 늘리는 정책이다. 서울은 마곡지구를 끝으로 더 이상은 대규모 택지를 개발할 지역이 없다.

정부는 2017년 8.2 부동산 대책에도 불구하고 서울 집값이 미친 듯이 폭등하고 정부의 규제정책에도 서울 집값이 잡히지 않자 서울·수도권에 30만 가구의 주택을 공급하는 9.21 수도권 주택 공급정책을 내놓게 된 것이다. 그러나 그 이전에 생각해야 할 문제가 노후 아파트 재건축이다.

서울에는 건축된 지 20년이 지난 노후 아파트가 전체 공급된 아파트 물량 중에서 60%를 차지하는 32만 가구에 이르고 있다. 고층 아파트에 대한 재건축이 용적률의 문제로 어렵다면 리모델링에 대한 인센티브를 제공하는 방법으로라도 시장의 혼란을 줄이는 정책을 시행했어야 한다.

노후 아파트에 장기간 거주해왔던 사람들이 자신의 생활터전을 떠나 생판 모르는 지역에 가서 단지 새 아파트라고 해서 만족하며 살겠는가.

사회적 약자들의 주거복지를 위해 공공 주택을 건설한다는 일에 누가 대놓고 반대를 하겠는가. 그러나 국민의 세금으로 120조 원에 이르는 돈을 공공 주택 건설에 투자하는 것이 과연 재정의 효율적 집행이라는 측면에서 찬성할 사람이 얼마나 되겠는가.

개인적으로 생각해 혹시 정부가 그린벨트를 풀어 부족한 재정을 확보하기 위한 땅장사를 하는 것이 아닌가라는 생각까지 들게 만든다. 정부의 주거복지 로드맵이라고 거창하게 이름 붙인 공급 확대 정책은 필요는 하겠지만 앞뒤 순서가 바뀐 것이다.

현재 대한민국의 정치 경제 성숙도가 국가 개발을 주도하던 개발 독재시대도 아니고 국가의 백년대계를 생각해서라도 공공 주택 확대 정책은 이해 집단 간의 조정과 토의 과정을 거쳐서 결정되어도 결코 늦지가 않다. 너무 정책이 졸속으로 결정되고 이것이 사회정의니 너희들은 무조건 따르라는 방식으로는 국민의 지지를 받을 수가 없다.

정부의 30만 호 수도권 공급정책에 대해 시장이 시큰둥 반응하고 있는 것은 전형적인 포퓰리즘 정책으로 보이기 때문이다. 정부는 시장에 개입하여 시장의 물꼬를 바꿀 생각은 자제하고 시장의 공정한 심판자가 되는 역할에 충실해야 한다. 정부의 수도권 공공 주택 확대 정책은 정부가 나서서 부동산 투자를 부채질하는 것으로 시장에 역반응만 줄 가능성이 높다.

정부의 수도권 주택 공급 확대 정책에도 불구하고 시간이 문제이지 오를 곳의 부동산은 오른다는 사실만은 분명하다.

4. 비강남, 비고가, 비재건축, 비소형 아파트를 주목하라

우리나라 부동산 시장은 밴드왜건 효과가 통하는 전형적인 시장이다. 어느 누가 깃발을 들고 선창을 외치면 언론이 이에 동조하고 언론의 기사에 심정적으로 동조하는 사람들은 앞뒤 안 재고 그 흐름에 몸을 맡긴다. 물론 전혀 경제성이 없는 행동은 아니다. 어느 시점부터 우리나라 주택시장은 불과 몇 년의 시차를 두고 대형 아파트와 소형 아파트 간의 위세가 역전되어왔고 이제는 이 흐름이 시장의 대세로 자리 잡고 있다.

한국경제가 과거의 고성장 시대에서 감속 경제의 시대로 진입하고 가족형태의 변화로 대형 아파트에 대한 소비자의 니즈가 떨어진 것은 사실이다. 오죽하면 대형 아파트를 관리비만 많이 드는 고정비 덩어리라고 하겠는가. 그러나 지금부터 10년 전의 부동산 버블기를 생각해보라. 그 당시 아파트 시장을 주도했던 것은 대형 아파트였다. 그러나 지금의 대형 아파트는 애물단지에 지나지 않는다. 일부 전문가들은 최근에 대형 아파트의 공급이 절대적으로 줄어들면서 앞으로 대형 아파트의 역전 시대가 다가온다고 말하기도 한다.

이 말을 100% 신뢰한다고 해도 대형 아파트가 오를만한 지역은 서울 수도권의 핵심권역을 제외하고는 거의 없을 것이다.

시장의 트렌드는 한 번 고정되면 쉽게 변하지 않는다.

최근에 소형 아파트의 공급량이 크게 늘면서 '미래에도 소형 아파트가 지금의 강세를 지속할 수 있겠는가' 하고 의문을 제기한다. 이 말에 대해 명확하게 말한다면 앞으로도 아파트 시장은 소형 아파트 공급량이 크게 늘고 대형 아파트의 공급량이 축소된다고 해도 소형 아파트의 약진은 계속될 것이다. 다만 소형 아파트의 판세도 지역 간에 차이가 더 벌어질 것임으로 투자 지역을 잘 선별해서 투자해야 된다.

사람들은 아파트 시장에서 소형 아파트의 경제성을 인정하면서도 2019년부터 본격화될 소형 아파트의 과도한 입주 물량으로 인해 소형 아파트의 인기가 과거만 못할 것이라고 한다. 나는 이 부분을 인정하면서도 그래도 소형 아파트가 아파트 시장을 주도할 것이라고 믿고 있다. 소형 아파트가 단지 지나친 입주물량으로 인하여 경제성 부분이 약화될 것이라고 하는 것은 부동산시장의 변화를 깊게 인식하고 있지 못하기 때문이다. 이러한 논쟁보다는 앞으로 소형 아파트도 지역에 따라 실제 가치 이상으로 고평가 되어있는 지역과 여전히 경제성이 담보되어 있는 지역을 차등

화시켜 보는 것이 아파트 시장을 바로 보는 눈이라고 하겠다.

아파트의 가격이라는 것은 금리, 유동성, 공급물량에 절대적인 영향을 받는다. 이 중에서 부동산 시장에서 직간접적으로 가장 영향을 많이 받는 것은 공급량이 될 것이다. 현재의 상황에서는 대형 아파트가 홀대를 받고 있는 것이 분명한 사실이지만, 건설사가 대형 아파트 공급을 상대적으로 줄이고 있는 상황이 지속된다면 대형 아파트가 재평가될 소지도 있을 것이다. 이는 절대적으로 공급 측면에서의 시장을 판단하는 것으로 다른 외부요인 즉 급격하게 진행되고 있는 전통적인 가족의 해체와 1~2인 가구의 급증, 잠재 수요층의 소득 감소 등의 중요한 사회적 현상에 비추어 볼 때, 소형 아파트가 득세하는 것은 시대적 흐름과도 부합한다고 말할 수 있다.

이러한 측면을 감안해 아파트 시장을 평가한다면 공급량이 줄어도 대형 아파트의 가격이 전 고점을 회복할 가능성은 희박해 보인다. 외부적 요인에 관계없이 대형 아파트의 가격이 오를 가능성이 있는 지역도 제한되어있는 것이 현실이다. 소위 한강 개발 축선 상의 핵심구역으로 평가받는 마포, 용산, 이촌, 한남, 성수지구, 강남권에서 새로 개발된 내곡 지구, 수서역세권 개발호재 수혜지역으로 떠오르고 있는 자곡, 세곡, 위례 신도시, 준 강남권으로 평가받고 있는 하남 미사, 판교, 과천, 세종시를 제외하면 대형 아파트의 가격이 오를 가능성이 큰 지역은 전국적으로 몇 곳이 안 된다. 내 판단이 맞는 것인지는 장담할 수가 없다. 그러나 앞에서 열거한 지역 이외에는 수도권에서 대형 아파트의 공급량이 줄어든다고 해서 가격이 상승할 지역은 수도권에서 핵심권으로 평가되는 지역 이외에는 없다고 봐도 무방할 것이다.

대형 아파트와 소형 아파트의 가격 역전현상이 가시화되기 시작 한 시점은 부동산 버블이 꺼지고 금융위기가 시작되던 시점부터다. 이 현상은 고착화되는 것으로 보인다.

물론 시장의 변덕은 누구도 예상할 수 없는 것이다. 따라서 필자의 생각이 틀릴 수도 있다. 특정 상품이 대세 상승기에 진입하면 사람들의 생각이라는 것은 한쪽으로만 쏠리기 마련이다. 다른 경우의 수는 무시해버린다.

2000년대 초반에서 중반까지 대형 아파트가 시장을 주도하던 시기에는 시장의 주류를 형성하던 논리가 그 당시의 논리로는 아파트의 대다수를 차지하는 구형 아파트는 70년대 초반 정부 정책에 의해서 국민 주택규모로 지어진 것으로 개인소득의 증가와 1인 주거면적의 확대, 쾌적한 주거환경에서 살고 싶어 하는 인간의 기본적인 욕구를 반영하지 못하고 있어 대형 아파트가 아파트 시장을 주도할 것이라는 주장에 힘이 실렸었다.

이 말이 당시에는 아파트 시장을 지배하는 논리로 작용해 누구나, 아무 생각 없이 대세적 흐름에 편승해 수도권 변방의 나홀로 대형 아파트 단지까지 투자자가 몰려들었던 것이다. 현재 이곳들의 실정이 어떠한가는 모두들 잘 알 것이다. 아마도 이 시기에 대형 아파트 단지에 묻지마 투자를 한 사람의 상당수는 지금도 고통의 나날을 보내고 있을 것이다.

이제 대형 아파트는 시장 전체를 한 묶음으로 해서, 지역적 고려 없이 대형 아파트 시장 전체의 미래를 예상하는 것은 의미가 없다. 부동산 시장의 변화와 무관하게 앞으로 대형 아파트가 통할 곳이 있고 그렇지 않은 곳이 있으니 실수요자는 이를 구별해 투자전략을 세우는 것이 중요하다.

시장은 돌고 도는 것이라고 했던가. 과거에는 무의미하게 지켜봤던 것이 시장의 흐름이 단기간에 변화하면서 이제는 유의미한 상황으로 변하고 있다. 바로 비강남, 비고가, 비재건축, 비소형 아파트들의 약진을 두고 하는 말이다.

서울의 강남 3구의 재건축 단지 아파트들이 미친 듯이 오르면서 서울 내의 다른 지역, 비소형, 비재건축 단지들도 강남 아파트와의 가격 격차를 줄여나가고 있다. 이렇게 부동산 시장에서의 변화는 인간의 지력으로는 예상할 수 없는 시점에 변화를 몰고 온다.

　2014년 이후의 부동산 투자공간에서 주택시장을 주도해온 곳은 서울 강남의 소형, 재건축 아파트였다. 그러나 강남 아파트의 가격이 급등하면서 풍선효과가 다른 지역의 비고가, 비재건축, 비강남, 비소형 아파트 단지로 전파되면서 서울 전 지역의 아파트 가격이 올라 강남 아파트와의 가격 격차를 줄여나가는 모습이 확연해지고 있다. 이런 모습을 지켜보면서 서울은 꼭 강남이 아니더라도 전 지역이 호재라는 생각을 안 가질 수가 없다. 사실 서울 강남의 재건축 단지들인 잠실, 반포, 가락 시영 아파트를 재건축한 헬리오시티와 강동구의 둔촌주공, 고덕 재건축 단지들은 너무 많이 올라 추격 매수하는 것에는 부담이 있다. 이에 비해서 서울의 비강남, 비재건축, 비소형, 비고가 아파트들은 여전히 상승 여력이 있고 실제 부동산이 숨 고르기를 하는 시점에도 꾸준히 오르고 있다. 부동산 투자는 전국구라고 했다. 특정 지역만 관심을 갖지 말고 폭넓게 투자 지역을 바라봐야 시장의 흐름을 놓치지 않는다.

5. 원룸 주택도 옥석을 가려 투자할 시점이다

　지금까지 다가구주택, 다중주택, 오피스텔 등의 원룸주택은 노후생활자의 생활비를 마련해주는 효자상품 역할을 톡톡히 해왔다. 금융위기가 발생한 다음 해부터 계속되고 있는 저금리 흐름으로 은행에 예금해봤자 겨우 1%대의 세후 이자를 받을 뿐인데 이것으로 노후 생활비를 마련한다는 것이 가능하겠는가. 마침 우리나라의 독신가구 비율이 크게 늘면서 수요가 받쳐줬으니 망정이지 이것이 아니면 돈이 있어도 생활비를 마련하는 일이 여간 힘들지가 않았을 것이다. 그래서 이것이 생계형 다주택자가 급증한 원인이 됐던 것이다. 그러나 이제는 출생률과 학령인구의 감소로 대규모 원룸 촌이 형성되어 있던 지방 대학들이 하나 둘 퇴출되면서 지방대학가 주변의 대규모 원룸 촌도 옥석을 가려 투자해야 하는 시대가 도래하고 있다. 따라서 무조건 원룸에 투자하면 높은 고수익을 얻던 시대는 서서히 막을 내리는 분위기다. 따라서 원룸 투자도 이제부터는 미래에도 살아남을 곳을 잘 가려서 투자하는 시점이 다가온 것이다.

　2008년 금융위기 이후 국내 부동산 시장은 판도가 크게 바뀌었다. 2000년 초에 시작해 임기 내내 노무현 정부를 괴롭히던 부동산은 노무현 정부의 임기 종료와 같은 시점에 세계 금융위기로 금리가 치솟으면서 급락했다. 그 이후 박근혜 정부가 부동산 부양책을 쓰기 시작한 2014년 이전까지 암흑기라고 할 정도의 아파트 가격이 하락하였으나 이 투자공간을 비집고 독신가구를 대상으로 하는 다가구, 오피스텔 등의 원룸주택들은 급증하는 독신가구의 증가와 낮아진 금리로 생활자금을 마련하기 위해 금융권에서 이탈한 노후 생활자와 이해관계가 맞아떨어져 수익성 부동산으로서 입지를 다지게 되었다. 그러나 전반적으로 공급이 늘어나면서 원룸 주택의 수익률이 점차 떨어지고 있다. 그러자 시장에서는 원룸 투자도 이제 한물갔다는 성급한 얘기들이 나오고 있는 상황이다. 그러나 한국은행의 기준금리가 1.75%로 동결되고 있는 현실에서 은행 예금이자의 수배의 수익률이 보장되는 원룸 투자는 여전히 매력적인 투자 상품인 것만은 분명하다.

어느 국가나 일하지 않는 불로소득으로 부자가 되는 사람이 많다는 것은 정의로운 사회는 아니다. 그러나 지금 우리나라에서는 자발적이지는 않겠지만 이미 임대 소득으로 생활을 유지하는 생계형 임대주택자들이 크게 늘었다. 국가에서 주는 공적연금으로는 생활을 할 수가 없고 그렇다고 일자리가 있는 것도 아닌 노년층에게는 연금보다 소중한 것이 임대 소득이다. 이렇게 해서 우리나라는 생계형 임대 사업자들이 크게 늘고 있다. 그런데 저출산의 문제로 취학 인구가 줄고 대학 폐교 문제가 현실로 다가오면서 임대주택 투자에도 비상이 걸렸다.

여기에 대한 얘기는 앞부분에서 이미 언급했지만 그럼에도 불구하고 노후 생활자들에게 아직까지는 수익성, 안정성이라는 가치 측면에서 임대주택 이상의 경제성을 가진 투자 상품은 없다고 할 것이다.

알에서 바로 부화한 오리 새끼를 물가에 풀어 놓으면 어미 오리가 가르쳐 준 것도 아니건만 유유히 물가를 헤엄쳐나간다. 태생적으로 경제동물의 유전자를 갖고 태어난 인간 역시 누가 가르쳐 준 것이 아님에도 불구하고 경제적 선택을 하는 일에 있어서 기회비용적으로 생각하고 선택하는 존재다.

경제적 부분에서의 기회비용이란 개념은 단순한 예로 우리에게 똑같은 돈이 주어졌다고 가정해보았을 때, 각각 다른 자산을 선택하는 경우 일정 기간이 지난 후에 어느 선택이 효용이 높을 것인가를 판단하는 것이라고 말할 수가 있다.

이러한 기회비용의 개념을 가지고 현재의 투자시장에 적용시킨다면 과연 무엇을 선택하는 것이 일정 시간이 지난 후 당신 지갑의 무게를 두껍게 하겠는가.

지금 여러분 앞에는 여러 개의 선택지가 있다. 이 선택지 중에서 가격의 변동 폭이 매우 커서 계량화 시킬 수가 없는 주식, 성장형 펀드, 이머징 마켓 펀드를 포함한 해외펀드, 사모펀드를 제외시키고 말이다.

현재 여러분의 지갑에는 천만 원이라는 돈이 들어 있다. 그리고 여러분의 앞에는 주식, 금융, 부동산, 펀드와 같은 다양한 선택지가 놓여있다. 여러분은 과연 어느 것을 선택해야 일정 시간이 지난 후 경제적 기회이익이 높아지겠는가.

금리가 오르면 예금, 채권에 대한 시장의 선호도가 높아지겠지만, 금리 인상이 있다고 해도 1% 오르는 정도의 수준에서 금리가 결정된다면 시중 유동성이 금융시장으로 회귀할 것 같지는 않다. 우리나라의 투자자들은 워낙 고금리 시대를 살아왔기 때문에 5%~7% 정도의 금리도 낮다고 생각하는 사람들이다. 우리나라 사람들은 한국은행의 기준금리 인상에 신경도 안 쓴다. 다만 부동산 시장에서 금리 인상이 투자자를 위축시키는 것은 금리 인상보다는 대출 규제 강화로 대출 금리가 기준금리 이상으로 오르고 DSR의 도입으로 유동성의 고리가 단절됐기 때문이다. 이러한 변화를 모두 포함하여 자신의 투자 포트폴리오를 구성해야 할 때다.

노후 생활자의 생활비 마련 상품 중에서 그나마 수익률이 높다는 회사채도 안정성, 수익성이라는 측면에서 원룸 투자를 따라 잡지 못한다.

현재 대한민국은 인구 절벽 현상에도 불구하고 독신 가구의 급증으로 이 상품을 대상으로 하는 임대주택시장은 여전히 경제성이 있다. 기준금리가 오른다고 해도 임대주택의 레버리지 효과는 여전하다. 주가가 올라도 기관이 주가 상승의 이익을 독식하는 상황에서 주식시장은 개미들이 무덤인 것이 사실이다. 이에 비한다면 임대주택시장은 물건에 따라 천만 원부터 투자를 시작할 수 있다. 이것이 가능한 이유는 부동산시장의 침체에도 불구하고 임대 주택시장만은 레버리지효과가 발생하기 때문이다.

강연회에서 만나는 다주택자들이 이구동성으로 묻는 말이 있다. 양도세 인상을 앞두고 팔아야 하나 가지고 있어야 하나의 문제를 물어보는 것이다. 그때마다 나는 그들에게 역으로 질문을 한다. 갖고 있는 주택이 무엇이냐고. 그것이 다가구 주택 등의 임대주택이라면 나는 무조건 갖고 있으라고 말을 한다. 투자는 세금 낼 것 내고도, 수익이 발생하면 투자를 하는 것이지, 정부의 정책 때문에 자신의 의사결정이 영향 받아서는 안 된다.

특히 임대주택은 금리가 인상된다고 해도 레버리지 효과가 발생하는 물건으로 갑자기 돈 쓸 일이 생겨서가 아니라면 팔 필요가 없다고 말한다. 임대주택이 개인의 가처분 소득을 늘려주는 효자상품이라는 것을 부정할 사람은 아마도 없을 것이다. 그리고 금리 인상에도 불구하고 이 흐름은 계속된다.

현재는 만인이 정보를 생산하고 소비하는 시대다. 도제식으로 교과서적으로 무엇을 가르치고 배우는 시대는 지나갔다. 그래서 지식을 함께 공유하고 실행하는 것은 의미 있는 작업이라고 생각한다. 수많은 텍스트를 읽는 것보다 현장의 경험이 더 중요하다. 시장과 나는 물과 물고기의 관계다. 시장의 흐름을 놓치면 투자시장에 나의 존재감은 사라지고 만다.

중세 시대와 근대 시대를 경계 짓는 데 구텐베르크의 금속활자 발명이 크게 기여했다고 한다. 중세 시대에는 정보를 독점하던 가톨릭 사제들은 성경을 왜곡해, 신의 영역인 면죄부까지 팔아 서민의 돈을 갈취했다. 성경이 사상의 기초가 됐던 시대에 금속활자가 발명되기 전까지 성경 필사본은 신부들의 독과점 품목이었다.

그러나 금속활자 발명 이후 성경의 복사가 수월해지면서부터 신부들이 독점해 오던 성경은 만인이 볼 수 있는 지식의 창고가 되었다. 오늘날에 와서는 문명은 인터넷과 인터넷 이전으로 갈린다. 인터넷 초기 우리는 인터넷이 가져다준 문명에 열광했다.

세계 최초의 서점 아마존이 처음 등장했을 때 시장은 열광했다. 단 한 번 그곳을 방문해 책을 구매했을 뿐인데 아마존은 나의 독서 취향을 파악해 나에게 책을 추천해주기까지 했다. 이를 보고 우리는 생각했다. 세상에 존재하는 모든 오프라인 서점들은 사라질 것이라고. 그러나 인터넷을 통한 학습효과는 매우 빠른 것이라서 현재의 오프라인 서점들은 모두 온라인 서점과 동일한 품질의 온라인 서점을 운용하고 있으며 물류에서 유리한 프랜차이즈 오프라인 서점들은 온라인 서점 이상의 매출을 뛰어넘기까지 하고 있다. 인터넷 시대의 정보는 더 이상 자본과 전문가 집단이 독점하는 시대가 아니다. 인터넷을 통한 학습능력만 키운다면 당신도 얼마든지 빠른 시간 내에 전문가 수준의 투자 안목을 키울 수가 있다. 투자 성공은 전문가의 입에서 나오는 것이 아닌 시대가 됐다. 인터넷을 통한 지식과 현장조사를 통해 당신도 전문가 이상의 투자자가 될 수 있다. 그렇다. 모든 문제의 답은 현장에 있다. 원룸에 투자하길 원한다면 지금 당장 저가의 소형 오피스텔과 다가구 원룸이 바다를 이루고 있는 천안, 대전, 경북 경산시의 대규모 원룸 단지들과 수도권에서 저가의 소형 오피스텔 단지가 있는 시흥시 정왕동, 안산시 고잔동, 수원시 인계동, 중동 신도시를 찾아가서 시장의 흐름을 몸으로 느껴라. 투자는 노력하는 사람이 성공하는 법이다. 특히 부동산은 더 그렇다.

6. 부동산은 불패신화는 여전히 진행형이다.

　나는 부동산은 사두면 언젠가는 오른다는 부동산 불패신화를 믿고 있다. 그런데 본질은 변하지 않았지만 최근 들어와 이 말은 이렇게 수정되어야 할 것 같다. "부동산은 오른다. 그러나 지역, 부동산 상품에 따라서 그 체감온도가 다르다"라고. 따라서 부동산이라고 무조건 오르는 것이 아니라 경제 흐름과 궁합이 맞는 부동산이 따로 있는 것이다.

　한국경제는 해방 후 본격적으로 경제 개발이 시작되면서 지금까지 GDP 대비 약 360배 이상 성장했다. 경제성장은 필연적으로 부동산 개발을 필요로 한다. 그래서 수요가 끊이지 않은 부동산 개발은 부동산시장의 규모를 계속 키워왔다. 이 과정에서 탄생한 말이 부동산 불패신화다.

　현재 대한민국 경제는 이전의 역동적인 경제 성장의 시대는 멈추고 감속 경제의 시대로 진입해있다. 수치상으로는 경제성장을 하고 있는 것처럼 보이지만 기업들이 그들의 생산 공장을 해외로 이전시켜 제조공장의 공동화 현상이 발생하고 있어 새롭게 공장을 짓는 곳보다 사라지는 공장이 더 많아졌다. 제조공장의 탈한

국화는 있던 일자리도 사라지게 만들었고 이는 청년실업의 근본 원인이 되고 있다. 그렇다, 경제성장이 양질을 일자리를 만들지 못하는 시대, 따라서 우리는 과거와 아주 다른 시대에 살고 있는 것이다.

미래의 성장 동력인 출생률은 1970년대와 비교해 절반으로 주저 앉았고 인구의 절대 감소 현상으로 중소도시에는 인구가 매년 크게 줄고 있다. 인구가 감소하는 도시를 중심으로 행정구역을 단일화해 낭비되는 예산을 마고 재정의 효율성을 기해야 한다는 소리가 나오고 있다. 우리는 앞으로 우리에게 익숙한 도시명들을 하나씩 우리의 기억 속에서 지워야 할 날이 다가오고 있다. 이런 와중에 부동산 불패신화라는 옛날 버전에서 못 벗어난다면 부동산 투자의 핵심 고리를 놓치는 것이다.

그렇다, 우리는 인구 절벽 시대에 살고 있다. 그런데 인구의 특정 지역 편중 현상으로 부동산 시장이 왜곡되고 있다. 전 국토의 12%밖에 되지 않는 서울 수도권에는 절반이 넘는 인구가 살고 있지만 전 국토 면적의 88%에 이르는 지방권 인구는 계속 감소하고 있다.

이러한 변화가 가져온 것이 바로 부동산의 시장의 양극화 현상이다. 그렇다. 현재 사회 영역의 모든 부분이 양극화 현상에 처해있다.

2000년대 초반과 비교해 주가는 크게 올랐지만 종목 간 주가 양극화는 더 심화되고 있다. 부동산 역시 상위 20%의 주택과 하위 80%의 주택 간의 가격이 더 악화되어가고 있다.

부동산 시장에서만 이 흐름을 피해 갈 수는 없는 것이다.

글의 서두에 밝혔듯이 나는 맹목적인 부동산 긍정론은 수정되어야 마땅하다고 생각한다. 부동산 시장에서 서울, 수도권 등 노른자위 지역은 오히려 선호도가 높아졌지만 서울 수도권 지역 내에서도 양극화 현상은 심해질 수 있다. 이번 부동산 상승랠리에서 같은 경기도에 속하고 거리상으로도 가까운 경기도 성남시의 분당, 판교, 용인시의 동천, 신봉, 수지, 상현, 광교 신도시와 경기 서남부에 위치하는 오산, 평택시 간의 가격 차이는 점점 더 벌어지고 있다. 물론 이와 같은 가격 차이는 일시적인 입주물량이 영향을 미쳤을 지도 모른다. 그렇다 해도 같은 경기 남부권이면서 이 같은 가격차이가 난다는 것은 투자자들이 부동산시장을 보는 눈이 예전보다 매우 디테일해졌다는 것을 보여주는 사례라고 할 수 있다,

우리가 부동산 시장을 평가함에 있어서 서울 수도권을 위주로

말하는 것은 지방에서는 부산, 대구, 광주, 대전 등의 광역시 제외하고는 부동산이 오를 만한 지역이 점차 줄고 있기 때문이다. 서울에서 KTX를 타면 1시간 이내에 도착 가능한 대전시의 구 도심권에 속하는 대전시 중구 문화동, 유천동, 산성동 일대의 거리를 가보라. 그곳의 많은 재래시장들은 텅 빈 상가로 인해 사람들의 모습도 찾아보기 어려울 정도로 상권이 죽어있다. 대전의 대표적 유흥시설이 자리하고 있는 유촌동 일대에는 여기가 유흥가 맞나 할 정도로 한참 영업을 해야 하는 시간조차 인적이 드물다. 그래서 드는 생각이 과연 저렇게 장사가 안돼서 저분들 밥은 먹고 살까 하는 생각이 들 정도다.

지방 부동산시장이 전체적으로 죽어 가고 있는 것이 사실이다. 우리는 부동산시장을 평가할 때 서울 수도권을 대상으로 분석하기 때문에 전국적으로 부동산 시장이 다 좋은 것으로 착각하게 만든다. 물론 지방 부동산이라고 해서 모두 죽은 것은 아니다. 지방에서도 핫플레이스 지역은 지방의 부동산 침체에도 잘 나가는 곳은 있기 마련이다. 단지 그 비율이 낮다는 것이다. 이제 부동산 투자도 지역을 잘 선택해 전략적으로 투자해야 하는 시대다. 예전처럼 부동산은 사두기만 하면 무조건 오를 것이라는 생각은 시대의 흐름을 잘못 읽고 있는 것이다.

나는 이 책의 많은 부분에서 독신자를 대상으로 하는 임대주택은 전국구 부동산으로 여전히 수익성이 높다고 말했다. 그러나 임대주택 투자도 점차 지역 간 수익성의 차이가 벌어지고 있는 점을 간과해서는 안 된다. 부동산 투자는 미래를 보고 하는 것이다. 때로는 10년, 20년 후에 가서야 돈이 되는 부동산도 많다. 그래서 현재 가격에 우선하여 입지 선택이 중요하다고 말하는 것이다.

앞으로 대한민국 부동산은 돈이 되는 부동산과 돈이 안 되는 부동산 간의 경계점이 점점 더 명확해져 갈 것이다.

왜 사람들이 서울 부동산을 선호하는지 아는가. 인구 절벽 현상으로 말미암아 전국적으로 인구가 줄어들고 있지만, 전입신고를 하지 않은 지방 이주민이 많아 통계에만 잡히지 않을 뿐, 독신 가구의 서울 유입은 계속되고 있기 때문이다.

서울 부동산은 그것이 어느 지역이든 서울에 있다는 사실 자체가 호재가 되는 시대로 진입했다.

부동산은 월급쟁이들에게 일생일대에 걸쳐서 가처분소득을 늘릴 수 있는 절호의 기회다. 인생은 우리가 생각하는 것 이상으로 길다. 부동산 투자의 중요성에 비추어봐 충분히 좌고우면하고 심사숙고해서 투자를 하되 의사결정은 빨라야만 한다. 부동산은 움직이지 않는 동산으로 한 번 사면 다시 되물릴 수도 없다. 그래서 투자에 신중에 신중을 더 해야 하는 것이다.

7. 정부의 대출 규제를 피해 가는 법

문재인 정부의 부동산 대책 중에서 실질적으로 부동산 투자자에게 영향을 가장 많이 미치는 것이 대출 규제로 유동성의 고리가 끊는 일이다. 그동안 갭 투자, 레버리지 투자가 왕성하게 투자자들 사이에 번졌던 이유는 낮은 대출 금리에서 이유를 찾을 수가 있다. 이는 이전 정부의 대출 규제완화 정책에 힘입은 것이다. 그렇다. 이처럼 과격한 레버리지 투자가 가능했던 이유는 돈 없는 사람들도 빚내서 투자할 수 있는 유동성의 확대가 이뤄진 것이 레버리지 투자를 가능하게 만들었던 것이다.

양도세 인상 문제는 내가 매물을 팔지 않고 홀딩하고 있는 한 당장 내야 하는 돈이 아니다. 그러나 기존 주택 담보에 대해서만 적용하던 LTV, DTI 비율이 이제는 주택 담보 대출을 포함해서 개인이 모든 금융권으로부터 대출받은 금액을 총량으로 계산해서 규제하는 DSR 비율을 적용시키고 있다. 대출 규제 방식이 DSR로 전환되면서 투자자가 가용할 수 있는 자금의 사이즈는 크게 줄어들고 있다. 이른바 유동성의 고리가 끊어지는 현상이 벌어지는 것이다.

투자자금은 자신의 지갑에 있는 현금만을 말하는 것이 아니다. 개인이 자기신용으로 자금을 조달하는 것, 자신이 보유하고 있는 부동산 주식, 채권 등의 유가증권도 다 포함해서 투자자금이 되는 것이다. 그런데 이 고리가 일부 끊어졌다는 것은 개인의 투자 가능한 자금이 줄어들었다는 점에서 악재일 수밖에 없다.

시장에서 정부의 역할이라는 것은 공정한 심판자로서의 위치만 지키면 된다. 개인의 사적 재산 추구권은 헌법이 보장하는 국민의 권리 아니던가. 개인이 갭 투자를 하건 말건 법의 테두리 안에서 한다면 정부가 개입할 하등의 이유가 없다. 갭 투자로 돈을 버는 사람도 있겠지만 또 생각 없이 갭 투자에 나섰다가 실패하는 사람들도 얼마나 많은가.

정부가 실패한 사람들의 손실을 보존해주지 않을 것이라면 정부가 개입해서 이러라 저러라 할 이유도 없다. 나는 시장이 과열됐다고 해서 자신들이 무슨 정의의 심판관이라도 되는 것 마냥 다주택자들을 범죄자 다루듯이 언론플레이를 하는 것이 영 못마땅하다.

우리나라에서 다주택 보유자들이 가장 많은 집단이 정부 관료, 정치인들이라는 것을 모르지는 않을 텐데 말이다. 말만 번지르게 하고 도덕성은 바닥인 집단이 관료, 정치인 집단이다. 그들의 권력이라는 것은 국민들이 만들어 준 것이다. 정부는 국민들에게 겸손해야 조기에 레임덕에 안 걸리고 무사히 임기를 마칠 수가 있다.

문재인 정부 들어서 서슬퍼랬던 규제의 칼날은 이미 무뎌졌다. 원래 그렇게 시작해 그렇게 끝나는 것이 정치의 속성이다. 처음에는 대선 캠프에서 일했던 선무당들이 설쳐댔지만 이들의 실력이라는 것은 금방 바닥이 드러나는 것이고, 국민의 저항이 거세지면서 이들은 정책 일선에서 물러나 서있는 상태다.

강화되고 있는 정부의 주택 담보 대출 규제의 영향으로 은행서 주택 담보 대출을 받기가 점점 어려워지고 있다. 문제는 은행이 아니면 낮은 금리로 주택 담보 대출을 받을 곳이 없다고 생각하는 것이다. 국내에서 주담대를 취급하는 금융회사가 몇 곳이나 된다고 생각하는가. 일만여 개에 이른다. 독립채산제로 운용되는 신협, 새마을금고, 단위 농, 수협을 다 합하면 그만큼 된다. 이 많은 회사들을 금감원이 일일이 다 스크린 해서 통제할 수는 없다. 또 유동성 운영에 문제가 있는 지방의 마을금고들은 서울에 와서 직접 영업을 하기도 한다. 그러니까 정부의 대출 규제가 아무리 강화되었다고 해도 담보가 확실한 사람들은 대출을 받으려고 마음먹으면 대출을 받을 수가 있다.

우리가 은행을 이용하는 단 하나의 이유는 저금리로 대출을 받기 위함이다. 물론 세상에는 담보만 있으면 대출을 받을 수 있는 금융회사는 수없이 많다. 저축은행, 캐피털, 카드회사 등... 그러나 은행처럼 장기간 저금리로 대출받을 수 있는 금융회사는 없다. 소위 마을금고라고 하는 새마을금고, 신협 등의 협동조합형 금융회사는 지역 별로 독립채산제 경영을 하기 때문에 여러 곳의 마을금고에 대출 감정서를 의뢰하면 호조건으로 대출받을 수는 있다.

은행에서 저금리로 대출한도를 늘리는 방법은 주거래 은행을 하나 정해서 주거래은행과의 거래를 집중해 개인의 신용평가 등급을 높이는 수밖에는 대출 가능액을 늘릴 수 있는 방법이 없다.

은행은 철저하리만큼 개인의 거래실적에 따라서 우대금리를 적용한다. 은행은 예금과 금융 서비스를 이용하기 위해서 이용하는 금융회사가 아니다. 대출을 잘 받기 위해 이용하는 곳이다. 은행 예금이 경쟁력이 있는 것도 아니고 인터넷, SNS를 통하면 얼마든지 금융거래가 가능한 시대에 우리는 살고 있다.

예금으로 금리 1% 더 받는 것보다 대출금리 1% 낮추는 것이 더 경제적이다. 은행거래를 소홀하게 생각하지 말기 바란다.

8. 부동산 투자 보이는 것이 전부는 아니다.

시장에서의 인간의 소비행동은 이성적이지 않다. 인간은 언제나 자신의 소득 이상으로 과소비를 하고 투자시장에 호황기가 오면 끝물이라는 시그널을 알리고 있음에도 집단 동조화의 늪에서 벗어나지 못하고, 막차에 동승하는 일을 서슴지 않는다. 그나마 인간이 이성적으로 시장을 평가하는 시기는 시장이 불황의 골이 깊어질 시점이라는 것이다. 호황기에는 불황의 시그널이 이곳 저곳에서 감지되고 있음에도 누구도 관심을 갖지 않는다. 불황이 현실이 됐을 때야 비로소 이를 받아들인다. 여러분도 그렇지 않은가. 지금도 부동산시장에 불황이 오는 시그널이 감지되고 있는데 호시절 때만을 생각해서 부동산 투자를 밀어붙이고 있는 것은 아닌가.

호황기에는 호황이 계속되는 줄만 안다. 부정적 시나리오는 발을 붙이기 어렵다. 문재인 정부가 들어서기까지 부동산 호황이 지속되고 우리나라의 부동산 예찬론자들은 국토의 70%가 산지로 구성되어 있는 나라, 해방 후 지금까지 경제가 압축성장하는 과정에서 개발 수요는 끊이지 않았고, 이제 수도권에서는 대규모 택지 개발 지역의 부족으로 공급이 제한될 수밖에 없는 여건에서 그마저 인구 대비 국토가 협소한 나라에서 부동산을 부정적으로 보는 시각은 인정할 수 없다는 것이 그들의 지론이다.

부동산 버블기에 시장에 회자 되었던 내용이 생각난다. "최근에 지어진 아파트는 3베이 구조로 과거 동일 평형의 아파트와 비교해서 넓게 공간을 활용할 수 있으며, 무엇보다 채광이 좋다" 이 글을 읽으면서 느끼는 점은 건설사의 홍보문구를 인용했다는 생각마저 든다. 주택시장의 거대한 손인 건설사의 여론공세가 먹혀 들었는지는 모르겠으나 실제 2000년대 초반에서 중반까지 아파트 시장을 주도한 것은 대형 아파트였다. 그런데 현재는 서울을 제외한 전국 대부분의 대형 아파트는 애물단지로 변해있다. 그 기간 동안에 무엇이 변한 것일까. 대신 그 자리를 소형 아파트와 임대주택이 차지하고 있다.

수도권에서 단기간에 걸쳐 가장 많은 대형 아파트가 공급된 용인시의 아파트를 버블 시기에 막차를 탄 사람은 이자는 이자대로 나가고 시세차익은 전혀 없는 것이 현실이다. 일부 지역에서는 입주가 끝난 지 오랜 기간이 지났건만 여전히 마이너스 프리미엄 상태를 벗어나지 못하고 있다.

과거의 셈법대로라면 기다려라, 기다리면 반드시 오른다, 조금하게 마음먹지 말라고 했을 것이다. 그러나 시장이 변했다. 이 변화를 가리켜 우리는 패러다임이라고 표현한다. 예전부터 아파트는 부동산 중에서도 환금성에서 최고의 상품이었다. 소형 아파트는 여전히 그 흐름을 이어가고 있지만 대형 아파트는 아니다. 앞으로 중대형 아파트의 가치가 상승할 지역으로 한강을 경계로 하고 있는 소위 한강 벨트축선상의 용산, 이촌, 한남, 성수지구와 강남 3구뿐이라는 것이 아파트 시장에서 설득력을 얻고 있다. 필자의 생각도 그렇다. 수도권 변방에 여전히 대형 아파트를 보유 중인 사람들은 이제라도 빨리 손 털고 나오는 것이 상책이다. 내가 경제성이 없어 매물로 내놓은 물건을 사줄 사람은 흔치 않을 것이라는 문제가 있겠지만, 앞으로 핵심지역 이외의 대형 아파트는 투자 환금성이 더 떨어질 것이다. 따라서 앞으로 대형 아파트에 투자할 의향이 있는 사람들은 입지 선정에 더 많은 노력을 기울여야 한다.

지금 우리 경제는 인구 절벽 현상이 이 빠르게 진행되고 있고 내수경제마저 침체에 빠져 있는 상태로 개인의 가처분소득은 줄고 있고, 경제는 이미 오래전에 감속 경제의 늪에 빠져 있다. 신자유주의 시대는 생산방식의 급격한 외주화를 가져왔고 경제성장이 고용으로 이어지지 않는 구조적 모순이 발생하고 있다. 경제가 성장함에도 불구하고 개인의 소득은 증가하지 않는 기형적

성장의 시대가 계속되고 있다. 현재의 경제 흐름은 과거의 한국 경제와 근본적으로 다르다는 것을 알아야 한다. 이런 시각에서 부동산에 접근한다면 돈 되는 부동산과 돈이 안 되는 부동산 간의 경계지점을 확실하게 구분 지어 부동산 투자에 활용해야 한다.

부동산 투자에 부정적인 생각을 갖는 것도 바람직하지 않지만 과거의 습관 그대로 부동산 투자에 나선다면 패가망신당하는 것은 시간문제다. 앞으로 부동산시장은 돈이 되는 것과 그렇지 않은 것 간의 경계가 더 뚜렷해질 것이다. 부동산은 아파트만 있는 것이 아니다. 이번 정부의 규제정책이 아파트에 초점이 맞춰져 있는 것이라면 우회해서 다른 물건들에 대한 투자도 생각해봐야 한다. 안 되는 것을 억지로 투자한다고 돈을 버는 것이 아니다.

지금은 부동산 투자에도 코페르니쿠스적 사고의 전환이 요구되는 시점이다.

금리가 오를 가능성이 커지고 있다. 빚내서 부동산을 매입한 사람들은 대출금리의 인상으로 전보다 더 많은 이자를 내야하고 그마저도 대출 강화 정책으로 돈 빌리기도 싫지 않다. 부동산시장도 냉각되고 있는 상황이다. 그러나 여유자금으로 투자하는 사람들의 입장에서는 금리가 오른다고는 하지만 이 정도는 정말 찔

끔 오른 것이다. 과거의 고금리에 익숙한 사람들은 이 정도의 금리 인상으로는 성에 차지 않는다. 그래서 거의 모든 사람들이 이구동성으로 말하는 것이 돈도 없지만 돈이 있어도 투자할 곳이 마땅치 않다는 것이다. 그렇다. 현재의 금리수준으로 봐서는 정말이지 투자할 곳이 마땅치가 않다.

내수경기의 깊은 불황으로 수익성 부동산의 대표주자 격으로 평가받는 상가투자도 예전 같지 않은 것도 현실이다. 상가투자의 수익률은 계속 떨어지고 신도시 분양상가의 경우에는 임차인 구하기도 어렵다.

언론에서는 원도심권의 자생적 도시재생 사업으로 상가가 활성화되고 있다고는 하지만 이것은 일부 핫플레이스로 떠오른 지역으로 제한될 뿐이지 전체 상가 시장은 여전히 불황을 못 벗어나고 있고 이러한 현상은 지방으로 내려 갈수록 더 심각하다.

그런데 수익성 부동산 시장에서 이상한 흐름이 감지되어 왔다. 부동산 시장이 정부의 정책 금리 인상 문제로 울고 웃고를 반복하는 와중에 원룸이라고 통칭해서 부르는 다가구 주택, 오피스텔 등 독신가구가 주로 거주하는 임대주택의 경제성은 과공급이라고 할 정도의 공급물량이 크게 증가하였음에도 임대수익이 꾸준하다. 원룸 투자는 투자 물건이 지역에 따라 가격대가 다양하고 평균수익률은 은행 이자의 10배에 이르는 곳도 많다. 여기에 저금리를 적절하게 이용해 레버리지에 활용하는 경우 수익률은 물론, 상대적으로 적은 돈으로 투자할 수 있는 장점까지도 갖추고 있다. 이런 상황에서 은퇴 후 마땅한 직업이 없으나 안정적인 노후 생활비 마련을 위해 이 시장에 뛰어드는 사람도 크게 증가한 것이 현실이다. 원룸 투자의 경제성이 부각되던 시점은, 지금부터 약 10년 전으로 부동산 버블이 꺼지는 시점에 오히려 투자열기가 서서히 달아올랐다. 노후생활비를 마련하기 위해 투자하는 사람들은 고금리 시대에는 은행의 예금, 채권에 투자해 발생하는 이자로 생활비를 마련해 왔지만 지금은 거의 수익성 부동산 투자로 돌아선 상황이다.

현시점에서 수익성 부동산 중에서 안전성, 수익성에서 최고의 상품은 바로 독신가구를 대상으로 하는 원룸주택이다. 이 상품의 최고 장점으로 꼽는 것이 자신의 신용이 문제가 없으면 적절한 레버리지를 통해 천만 원만 있어도 투자가 가능하다는 점이다.

이 시장이 안정적인 수익을 창출하는 것은 독신가구의 비율이 급격하게 증가하는 인구 변화가 큰 영향을 미쳤다.

경제학에서 공급과 수요 사이에 수요가 급증하면 가격은 당연히 오르게 되었다. 1~2인 가구 증가 현상은 아파트 시장에도 영향을 미쳐 정부의 정책방향이 오락가락하는 동안에도 소형 아파트 시장은 불황이 없었다는 사실에 우리는 주목할 필요가 있다. 우리나라 독신가구 비율은 우리가 예상하는 것 이상으로 빠르게 증가하고 있다. 그럼에도 불구하고 독신가구의 증가가 선진국에 이르려면 한참 멀었다는 통계자료도 있다. 이것은 시장에 긍정적인 시그널이다. 공급이 아무리 증가한다고 해도 그것을 뛰어넘는 수요가 받쳐 준다는 것은 말이다.

독신가구가 가난하다는 생각은 편견일 수 있다. 그렇지만 독신가구의 평균 소득이 낮은 것은 사실이다. 독신가구 중에서 많은 비중을 차지하는 계층은 20~30대이다. 이들은 사회진출 시간이 적어 여유자금을 축적할 시간도 없고 따라서 다른 연령층보다 소득이 적은 것도 현실이다.

우리가 그들을 가리켜서 현대판 노매드 인간이라고 부르는 것은 일자리, 상급학교 진학을 위해서 이 도시 저 도시를 옮겨 다니는 특성이 있기 때문에 이렇게 별칭이 주어진 것이다.

그들은 생활에서 정주형에 가까운 기존주택은 맞지 않은 옷에 불과하고 매매가도 이들에게는 넘사벽이다. 이런 이유로 인해서 그들의 라이프스타일에도 들어맞고 보증금이 작은 대신에 월세를 지불하는 것이 관례처럼 되어 있는 소위 원룸이라고 부르는 임대주택에 주로 거주한다.

우리의 인식 속에서 상대적으로 저렴한 것으로만 알고 있는 원룸 주택의 월세가 주거면적 대비 결코 저렴한 주택이 아니다. 겨우 사람 몸 하나 누울 수 있는 실 평수 4평 이내의 다중주택의 원룸은 방안에 화장실이 있다는 것만으로도 월세가 50만 원에 이른다. 다가구 주택 원룸의 경우에는 보증금 규모에 따라 다르겠지만 서울, 수도권을 기준으로 보증금이 1,000만 원이라고 가정했을 때 월세로 60~70만 원 이상을 주어야만 실 평수 기준해서 10평 내외의 집다운 집에 거주할 수 있는 기회가 주어진다.

다가구 원룸은 임대주택의 꽃이라고 할 수 있다. 다가구 원룸은 전국적으로 대학가, 공장밀집 지역에 분포되어 있기 때문에 지역에 따라 가격차이도 넓게 형성되어 있고 물건에 따라서 가격대도 정형화되어 있는 것이 아니라서 상대적으로 적은 돈으로 투자가 가능한 장점을 가지고 있다. 독신가구를 대상으로 하는 임대 주택 투자는 해당 물건이 다르다고 해도 한 가지 교집합을 이루고 있는 부분이 매매가가 낮을수록 변두리, 외곽으로 나갈수록 이와 비례해 임대수익률이 높아진다는 사실이다. 따라서 원룸주택은 상가처럼 지역 상권의 형성도에 의해 등급이 매겨지는 것이 아니라서 지방의 매매가격이 상대적으로 저렴한 물건의 임대수익률이 더 높다. 따라서 돈이 부족해서 서울, 수도권의 역세권에 투자 못한다고 실망할 이유가 전혀 없는 것이다. 투자라는 것은 투자금 대비 수익률로 그 가치를 평가하는 것이지 아파트 투자마냥 강남 등 서울의 핵심권역이 무조건 좋다는 논리는 성립되지 않는다.

원룸 투자는 아파트와 같은 주택의 범위에 속하지만 그 내용은 달라도 너무 다르다. 아파트 투자는 서울 핵심권에 가까울수록 가격이 높지만 원룸주택은 다르다.

독신가구를 대상으로 하는 원룸 주택이 최근의 부동산시장 환경에서는 돈 되는 부동산의 핵심이다. 이를 부정할 사람은 없을 것이다. 금리 인상이 가시권에 들어왔다고는 하나 그 폭은 매우 미약할 것이기 때문에 수익성에 의문을 가질 필요가 없다. 저금리 흐름은 계속되고 있고 은행권에 1억 원을 예금한다고 해도 이자에 대한 15.4%에 이르는 원천징수를 하고 받게 되는 이자는 1년에 200만 원 정도다. 그런데 원룸은 운용의 묘를 잘 살리면 1억 원 투자로 은행 이자의 10배, 20배를 이상 받을 수 있다. 인구 절벽에도 불구하고 독신가구 인구는 꾸준히 증가하고 있다. 원룸주택의 수요가 계속 늘고 있는데 수익률이 나빠질 리가 없다. 이를 외면하고 다른 투자를 대안으로 생각한다는 것은 현실의 투자시장 흐름을 놓치는 것이다.

9. 미래의 부동산 투자, 재건축 단지를 선점하라

경제학에서 재화란 자동차, 컴퓨터같이 우리 눈으로 직접 볼 수 있거나 만질 수 있는 것이다. 재화는 크게 두 가지로 나눠진다. 공기나 햇빛처럼 비용을 지불하지 않고도 얻을 수 있는 자유재와 주택, 가전제품처럼 비용을 치러야 하는 경제재가 있다. 보통 우리가 쓰는 물건들은 시간이 지날수록 사용 가치가 떨어진다.

안 쓰는 물건을 중고시장에 파는 경우 바로 땡처리가 되어 처음에 구입한 돈의 10%를 받기도 어렵다. 이런 관점에서 보면 오래된 아파트도 사실은 낡고 허름해서 집 수리 비용이 매년 들어간다. 그러나 재건축을 앞두고 있는 아파트는 거꾸로 가격이 크게 오른다. 중고 물건 중에서 수집가에 의해 가치가 달라지는 빈티지 제품 이외에 낡을 대로 낡아 내구연한이 지난 경제재 중에서 오히려 가격이 크게 오르는 것은 재건축 아파트 밖에는 없다. 그렇다. 아파트 투자 중에서도 현재가치보다 미래에 가격이 가장 많이 오르는 아파트는 재건축 아파트 밖에는 없다. 특히 저층의 대지지분이 높아 개발 후 큰 수익이 예상되는 아파트는 미래의 블루 오션이 된다고 말할 수가 있다. 재건축 아파트는 일반 아파트와 비교해 통상적인 가격 상승이라고는 볼 수 없을 만큼 가격이 많이 오른다.

재건축의 상징처럼 여겨지는 강남 대치동 은마아파트는 1979년 지어졌다. 은마아파트는 2000년대 들어서 본격적으로 재건축이 추진되면서 전용면적 84m² 아파트의 매매가가 3,000만 원에도 못 미치던 것이 2000년대 중반 13억 원으로 올랐고, 최근 들어 재건축이 본격적으로 추진되면서 가격이 더 오르고 있다. 분양가 대비 거의 50배에 이르는 가격 상승이 있었다. 물론 그동안 시간도 많이 지난 것을 감안해서다.

반포, 개포, 잠실, 강동 고덕, 둔촌, 송파 가락시영(헬리오시티) 등의 재건축 단지 아파트들이 분양가 대비 수십 배, 아니 100배 이상 오른 곳도 있는 것은 재건축 아파트가 아주 독특한 특성을 가진 재화이기 때문이다. 부동산은 택지 부족으로 공급량의 제한을 받게 된다. 특히 강남처럼 대규모 택지 개발이 불가능한 곳은 유일하게 공급량을 늘릴 수 있는 것이 재건축이다. 물론 재건축 아파트라도 지역, 평형, 고층 여부에 따라 가격 상승에 차이가 있다. 재건축 대상 아파트라고 해서 무조건 많이 오르는 것이 아니라는 것을 인지하기 바란다.

아파트 재건축 승인이 나고 재건축 아파트가 들어서면 이전보다 상전벽해 수준으로 생활시설이 업그레이드되고 이곳에서 살고 싶어 하는 사람들의 수요가 몰려들어 집값이 오를 것이라는 기대 심리가 작동한다.

실제 재건축으로 새 아파트가 들어서면 아파트는 완전히 새로운 모습으로 탈바꿈한다. 조합원의 지위를 갖고 재건축에 투자한 사람들은 이전보다 더 넓은 평형의 아파트를 배정받게 되고 원하는 평수와 층고를 선택할 수 있는 특혜가 주어지며 개발이익은 덤이다. 그야말로 꿩 먹고 알 먹고다. 그래서 재건축 아파트는 아파트 시장이 냉각되는 분위기 속에서도 새롭게 신고가를 다시 쓰고 있는 것이다.

문제가 있다면 재건축 아파트는 집 가격이 앞으로 더 오를 것이라고 기대하면서도 가격이 올라도 거꾸로 수요가 늘고 공급은 줄어든다는 점이다.

집을 사려는 사람은 가격이 더 오르기 전에 집을 사려고 몰려들고, 집을 팔려는 사람들은 가격이 더 오른 뒤에 집을 팔려고 하니 공급이 줄어드는 것이다. 재건축의 경우도 이처럼 수요는 늘고 공급은 줄어들면서 아파트의 가격이 크게 오르는 것이다.

문제는 실제 아파트에서 살려고 하는 실수요자보다는 부동산 투자를 통해 시세차익을 얻고자 하는 사람들이 대부분이라는 것이다. 재건축 투자는 부동산 투자 중에서도 가장 돈이 되는 상품이다. 이러니 재건축 투자에 실제 거주하려고 재건축 아파트를 사려는 사람보다 투자 목적에서 사려는 사람들이 몰리면서 가격 버블이 생기고 전체 부동산시장에 미치는 악영향을 심각하게 받아들이는 정부에서는 재건축 투자를 진정시키기 위해 재건축 개발이익 환수제, 투기 지구 내에서의 대출 규제, 다주택 보유자를 겨냥한 양도세 인상, 후 분양제 도입에 이르기까지 강력한 부동산 규제 정책을 잇따라 내놓고 있다.

현재의 선분양제도는 아파트를 시공도 하기 전에 집을 분양하는 것으로 분양시기와 입주시기 간의 상당한 간극이 존재하기 때문에 중간에 가격 변동 폭이 크다. 하지만 후 분양제는 어느 정도 아파트를 건설 한 후에 분양하기 때문에 입주할 때 집값이 분양 시점에 가서 지나치게 상승하는 것을 막을 수가 있다.

삶의 질을 높이기 위해 오래된 아파트를 허물고 새로 짓는 일은 반드시 필요한 일이다. 그러나 입찰 과정에서의 건설사 간의 과도한 경쟁, 다주택자들로 인해 실 거주용으로 내 집을 마련하려는 사람에게는 가격 거품을 양산해 실질적인 손해를 끼치게 한다.

재건축 아파트에 대한 정부의 규제가 강화된다고 해서 재건축 아파트 투자가 위축되리라고 생각하는 것은 순진한 생각이다. 부동산 시장에서 정부의 정책이라는 것은 항상 냉탕과 온탕을 오가는 것으로 부동산 시장에서 상수는 아니다. 투자자의 입장에서는 정부의 강력한 정책에도 불구하고 투자이익이 나면 투자하는 것이다. 재건축 아파트 투자는 장시간의 관점을 갖고 투자하는 것이다. 재건축 아파트 투자는 어느 투자 상품보다 투자하는 데 있어서 기다림의 미학이 필요하다. 재건축 아파트가 강남에만 있는 것이 아니다. 언론이 지나치다 할 정도로 강남의 재건축 아파트 단지들을 부각시켜서 그렇지, 수도권 인구 50만 이상 되는 도시의 도시정비 사업이 본격화되고 있는 구도심 내의 저층 아파트 단지들도 소리 소문 없이 많이 올랐다.

그리고 앞으로 90년 초에 지어진 1기 신도시의 재건축이 본격화 된다. 1기 신도시의 수많은 아파트 단지 중에서 과연 장래에 투자이익이라는 달콤한 열매를 나에게 안겨 줄 곳을 찾는 것도 흥미로운 일이다. 항상 말하는 것으로 부동산 시장은 넓고 투자할 곳은 많이 있다는 사실을 잊지 말기 바란다.

10. 부자 월급쟁이는 더 이상 은행에 가지 않는다.

부자 월급쟁이는 이재에 밝은 사람들이다. 이런 그들이 자신이 땀 흘려 가며 번 돈을 은행에 가서 예금을 하겠는가. 2019년 현재 은행의 예금이자는 이자에 대한 세금을 공제하고 나면 연 수익률이 1%대를 간신히 넘는다. 이를 물가 상승률에 대입해보면 결국 은행 이자로는 "0"대의 수익률을 얻을 뿐이다. 그래서 부자 월급쟁이는 은행에 가는 대신에 수익성 부동산 시장에 기웃거리는 것이다.

나는 개인적으로 투자는 창조적 행위라고 생각하고 있다. 그 옛날 우리 어머니들은 빈약한 재료를 가지고 부엌에 들어가면 뚝딱하고 음식을 만들어 우리 입맛에 맞는 가장 훌륭한 음식들을 만들어 내곤 했다. 오늘날에 와서 우리는 풍부한 음식재료가 있어도 그 맛을 흉내 낼 수가 없다. 그렇다. 똑같은 음식재료를 가지고도 누가 음식을 만드느냐에 따라서 음식의 퀄리티는 크게 달라진다. 나는 투자의 세계도 다르지 않다고 생각한다. 똑같은 돈이 주어졌다고 해도 그 돈을 누가 운영하느냐에 따라 미래의 가치는 달라진다. 그래서 투자는 창조적 행위라고 하는 것이다.

임대주택에 투자하는 경우 우리는 매월 일정액의 월세를 받는다. 누구는 이 돈으로 생활자금으로 써버리지만 여유자금이 있는 사람들은 이 돈을 갖고 수익을 체증시키기 위한 투자 행위를 한다. 여기서부터 투자의 질이 달라진다. 누구는 아주 단순하게 은행 보험사의 저축상품에 관례적으로 투자를 하지만 투자의 격이 높은 사람은 이 돈으로 다양한 운용 수단을 찾고 단 한 푼이라도 수익을 늘리는 일을 한다.

여러분은 증권사에서 판매하고 있는 적립식 펀드를 잘 알고 있을 것이다. 이 펀드는 매월 일정액을 저축하듯이 주식에 투자하는 경우 소위 애버리징 코스트 효과가 발생해 평균 매입단가는 낮아지고 투자 위험은 줄어든다고 한다. 그런데 이 펀드의 단점은 세상에서 판매되는 모든 펀드 상품이 그러 하듯 손실이 발생하는 경우 그 손해를 투자자가 모두 안아야 한다는 점이다. 또 적립식 펀드는 지표를 쫓는 인덱스 펀드에 비해 수수료가 3배 이상 높다.

적립식 펀드의 포트폴리오는 코스피 상위 종목 200개 이내의 종목에 투자한다. 펀드는 기본적으로 운용 단위가 크기 때문에 종목의 가치에 우선하여 수급이 원활한 대형주 위주로 포트폴리오를 구성한다. 그래서 하락하는 장에서는 손절매하기도 어렵다.

그러나 이 적립식 펀드를 내가 직접 투자한다고 가정해 보자. 종목 선택은 대형 우량주 위주로 구성하고 3년 동안 적금 들듯이 주식을 사다 보면 언젠가는 강세장이 오고 직접투자하는 경우에는 운용자금이 적어 언제든지 손절매를 할 수 있다. 주식시장에서 개인은 기관의 봉이라고들 하지만 개인투자자가 모든 부분에서 열위에 있다고 생각하지는 않는다. 주식시장에서 개인 투자자는 게릴라다. 덩치가 적으니 치고 빠지는 데 장점이 있다.

　매월 나오는 월세로 주식에 투자하는 사람들은 공격적인 성향의 투자자로 정의할 수가 있다. 그런데 매월 발생하는 월세를 가지고 장기로 주식에 투자한다는 것은 위험을 통제할 수 있다는 것이고 투자 손실이 발생한다고 해도 그 한계가 분명하다. 이러한 점을 감안한다면 공격적인 투자자도 안정적인 포지션에서 주식투자를 할 수가 있는 것이다. 넛지 이론에서 말하듯이 사람들은 너무 쫓기듯이 일을 하다 보면 오히려 성과가 안 나온다. 주식투자도 그런 것 아니겠는가.

　'나는 단순하게 은행에서 월세로 적금이나 들거야' 하는 사람도 일반 적금보다는 금리가 높은 저축은행의 자유적립예금이나 조합원의 위치에서 적금을 하면 비과세 혜택이 주어져 실제 16.5%의 금리 인상 효과가 있는 마을금고에 가서 적금하면 금리를 더 받을 수가 있다. 또 적금을 1년 이내의 단기로 운용하여 만기 이자와 원금으로 단기 실세금리 상품의 제왕이라는 평가를 받는 CP(자유 금리 기업어음)에 투자를 한다면 크레디트 스프레드에 따라 은행 예금 금리보다 5% 이상 금리를 더 받을 수가 있다.

사람들은 금리가 낮아도 너무 낮다는 말을 할 뿐 이것을 극복할 대안을 찾는 노력을 게을리 한다.

문재인 정부가 들어서고 나서 한 강연회에서 강의를 할 기회가 있었다. 이 강의에 참석한 사람들은 정부의 강경했던 집권 초기의 부동산 정책 탓으로 내가 갖고 있는 부동산을 팔아야 하나 홀딩하고 있어야 하나를 고민하고 있었다. 그때 나는 그들에게 단호하게 말을 했던 것이 기억이 난다.

"부동산을 많이 갖고 있다는 것이 중요한 것이 아니고 어느 물건을 갖고 있느냐가 중요하다. 내가 갖고 있는 물건이 임대주택이라면 팔 이유가 없다. 지금 여러분은 금리 인상을 걱정하고 있는데 만약 금리 인상이 된다 해도 이는 예전의 금리로 회귀하는 것이 아니고 금리 인상 폭도 상당히 미약할 것이기 때문에 부동산 상품 중에서 임대주택의 경우는 여전히 안정적인 수익률이 발생한다." 그렇다. 내가 갖고 있는 오피스텔을 담보로 대출받아 오피스텔 한 채를 더 산다고 해도 대출이자보다 수익률이 높기 때문에 임대주택의 경우 지금도 레버리지 투자를 하는 것이 효과적이다. 그러나 물론 무리가 가지 않는 선에 그쳐야 한다. 투자는 숫자를 따질 수밖에 없는 산수의 문제다. 자신이 자신 있다고 해서 계산하지 않고 투자하다 보면 바둑에서 수를 못 읽어 결국 게임에 지는 것처럼 이자만 내다가 나가 자빠질 수가 있다.

투자는 너무 많은 경우의 수를 놓고 머리를 굴리다 보면 결국 머리만 굴리다 끝난다. 그래서 자신의 재무적 현황을 잘 파악하고 안정적인 스탠스를 확보한 다음에 남보다 빠른 투자를 해야 돈도 벌수 있는 것이다.

주요 금리지표 현황 (단위: %)

CD (91일)	1.67
국고채 3년물	2.05
회사채 AAA 3년물	2.37
화사채 A 3년물	3.03
회사채 BBB+ 3년물	6.05
회사채 BBB- 3년물	8.47
회사채 BB+ 3년물	10.71

기준일: 2018년 10월 15일, 금융투자협회

2018년 12월 기준으로 한국은행의 기준금리는 2017년 11월 30일 1.75%로 금리를 올린 후 금리 변동이 없다. 기준금리는 은행이 한국은행에 수탁한 RP(환매 조건부 채권) 7일물을 기준으로 하기 때문에 기준금리는 은행의 여수신 금리에 직접적 영향을 미친다. 은행이 발행하는 단기 금융채라고 할 수 있는 CD(양도성 예금증서)의 금리는 은행의 예금금리와 비슷한 금리 흐름을 보이고 있지만 기업이 자금조달을 위해 발행하는 회사채 3년물의 금리는 발행기업의 크레디트 스프레드(위험가중치)에 따라 투자적격 채권으로 분류되는 회사채 BBB- 3년물의 경우 위 도표에서 보듯이 8.47%를 기록하고 있다. 이 시점 은행 예금 금리는 세전 금리가 2.0%로 BBB- 등급의 회사채에 투자하면 은행 금리의 4배 이상의 이자를 더 받을 수 있게 된다. 수익성 부동산에 투자 하지 않고 증권사의 증권몰에 가서 증권사가 장외시장에서 매입한 채권을 바이 백(BUY BACK) 조건으로 그들의 금융몰에서 판매하는 금융 상품만 쇼핑해도 이렇게 높은 이자를 받는데, 이재에 밝은 부자 월급쟁이가 은행에 예금할 리가 없다. 그래서 부자 월급쟁이는 은행에 가지 않는다고 말하는 것이다. 반대로 여러분이 아직도 은행에 가서 예금을 한다면 여러분은 부자 월급쟁이가 될 수 없다.

11. 지방 부동산도 오를 곳은 오른다.

2019년 이후의 전국 집값 전망을 비관적으로 보는 리포트가 부쩍 늘었다. 한국건설산업연구원은 2019년 전국의 집값이 2018년과 비교해 매매가는 1.1%, 전세가격은 1.5% 하락할 것이라고 전망하고 있다. 나는 이런 리포트들을 대할 때마다, 그럼 1년 전 당신들은 서울 집값이 이렇게까지 폭등할 줄 알았느냐고 그들에게 되묻고 싶다. 후행지표에 불과한 각종 통계자료를 가지고 복잡한 미적분 함수를 풀어 시장을 예측하는 것이 얼마나 허망한 짓이던가. 만약 기관에서 나오는 리포트의 내용이 맞는다면 누가 투자를 해서 실패를 하겠는가. 그들도 모르고 나도 모르기는 마찬가지다. 그래서 투자가 어렵다고 말하는 것이다.

나는 서울과 지방 부동산의 양극화는 점점 심해질 것이며, 따라서 지방 부동산은 이제 끝났다고 쉽게 말하고 다녔다. 그러다 강의 현장에서 된통 당한 경험이 있다. 그러니까 그분들이 말하는 것은 지방에도 그 지역에서 핫 플레이스로 떠오른 지역은 집값이 큰 폭으로 올랐다는 것이다. 예를 들어 전국적으로 거명되는 지역은 아니지만, 여수시의 웅천택지 개발 지구와 대전의 도안지구 같은 곳이 대표적인 곳이다. 지방도 지역에 따라 집값에 대한 체감온도가 다 다르니 함부로 단정 짓고 얘기하는 것은 정말 신중하게 해야 한다.

2018년 들어와 서울 집값은 2018년 1월에서 10월 기준으로 집값 상승률이 10년 동안 가장 높았다고 한다. 나도 내가 일 때문에 자주 가는 강남 수서역 일대, 세곡동, 자곡동의 아파트 가격을 보고 너무 많이 올라 놀란 기억이 있다. 그러나 지방은 14년 만에 처음으로 하락했다. 한국경제 통계 시스템에 따르면 2018년 10월 기준으로 서울 주택 매매 지수는 2017년 말보다 6.0% 상승했다고 한다. 이는 2008년의 11.8% 이래 같은 기간(1월~10월)이래로 최고 상승한 것이다. 특히 2018년만 놓고 보자면 서울 아파트 값 상승률은 8.2%로 2008년과 비슷하다.

2008년과 2018년 서울 주택 가격지수(1~10월) 상승률 (단위: %)

상품명	2008년	2018년
아파트	9.9	8.2
단독주택	11.4	4.9
연립/다세대	15.1	2.6
종합	11.8	6.0

서울 집값은 2018년 7월부터 상승 폭이 확대돼 2018년 9월까지도 전월에 비해 1.2% 올랐다. 정부의 9.13 부동산 대책이 발

표된 후부터 이러한 흐름은 주춤하고 있지만 2018년 10월에도 집값은 0.6% 상승했다.

서울만 오른 것이 아니다. 지방도 일부이기는 하지만 광역시를 중심으로 이 기간 동안 많이 올랐다. 주요 광역시 중 한 곳인 대구의 주택 가격은 2018년 10월 0.5% 상승해 9월의 0.4%보다 올랐다. 이는 2015년 11월 이후 가장 높은 것이다.

대전은 2018년 10월 0.6%가 상승했다. 이 역시 2011년 이후 7년 만의 최고 상승률이었다. 인천도 2018년 10월에 0.2%, 광주 광역시는 0.7%로 각각 올랐다. 반면 다른 지방의 주택 가격은 이 기간 동안 0.8%가 내렸다. 지역 주력산업인 조선업의 불황으로 지역 경제가 무너진 울산, 경남은 각각 0.7%, 0.4%로 계속 하락하고 있다.

부동산 가격이라는 것은 지역의 사업적 부침과 지역의 발전에 따라 그 성장성이 각기 다른 것으로 이를 획일화시켜 말하는 것은 문제가 있다. 나 역시 이점을 반성하고 있다.

지역 내의 주력 산업인 조선업이 무너지면서 지역 경제는 파탄이 나고 원룸 주인들은 반값에 방을 내놓아도 나가지 않는다고

원성이 자자하다. 지역 내의 아파트는 찾는 사람이 없어 가격만
하락하고 있다. 그런데 최근에 들려오는 소식은 거제에 있는 대
우조선이 서서히 살아나고 있다고 한다. 세상의 앞날은 아무도
모르는 것이다. 어제의 악재가 오늘에 와서는 얼마든지 호재로
둔갑할 수가 있다. 이것이 투자의 속성이라는 것을 일찍 깨닫기
바란다.

제 4 장

대한민국에서
집은 사는 곳이 아닌 사는 것

1. 미래의 대한민국, 부동산 경부라인은 건재할 것인가.

우리나라 사람들의 강남 선호심리는 유별나다. 그래서인지 모르지만 강남에 입성하지 못하는 사람들이 그 대안 지역으로 찾는 곳이 소위 강남 남쪽 경부라인이 아닌가 하고 생각을 해본다. 실제 경부라인에 속하는 지역인 분당, 판교, 용인시의 동천, 신봉, 수지, 상현 그리고 광교 신도시는 입주물량 과다로 수도권 아파트들이 죽을 쓰고 있는 동안에도 이번 상승랠리에서 가장 많이 몰랐다. 특히 판교 신도시는 이제 아파트 $3.3m^2$(평)당 평균 가격이 백현동 같은 곳은 3,800만 원을 넘어섰고 전체적으로는 $3.3m^2$(평)당 평균 가격이 3,000만 원을 호가하고 있다고 한다.

지역만 경기도에 있을 뿐 강남을 제외한 서울 집값을 웃도는 가격이다. 나는 경부라인은 미래에도 수도권의 경기도 아파트 시장을 주도할 것이라고 장담하고 있다. 물건도 가치가 있는 것은 시간이 지날수록 빈티지로서의 가치가 높아지는 것과 마찬가지로 경부라인의 아파트 단지들은 생활 인프라, 교육여건, 강남으로의 이동거리 등에서 대체 가능한 곳이 없는 수도권의 명품 도시가 됐다.

탐욕이 지배하는 시장에서의 가격 사이클은 주식이든 부동산이든 다 똑같다. 시장에서의 투자 상품이라는 것은 오르면 떨어지고 떨어지면 일정 기간 조정국면을 거쳐야 다시 오른다. 이 부분에서 우리가 주의 깊게 생각해봐야 할 것은 투자 상품이 무엇이 됐든 간에 소위 핵심가치가 있는 상품은 시장의 국면이 전환되면 다른 상품을 앞질러 항상 신고가를 다시 쓴다는 점이다.

최근에 주가 흐름을 봐라 시가총액 상위 우량종목이 코스피 지수를 주도 해왔다. 이들 종목들도 코스피 지수가 빠지면 낙폭이 시장 평균보다는 적지만 주가가 흘러내리는 것은 마찬가지다. 그러나 시장이 다시 상승장으로 전환되면 이들 종목이 가장 먼저 신고가를 갱신하는 것이 일반적이다. 이것이 시가총액 상위 우량종목의 특징이다. 그렇다면 부동산 시장에서는 핵심가치 지역은 어디가 해당이 되겠는가.

전통적으로 부동산 시장에서의 핵심가치가 있는 지역은 경부라인이라고 해서 한남대교 북단의 용산, 한남지구에서 분당, 판교, 용인시의 서북단 광교 신도시에 이르는 구간이다. 따라서 수도권의 경부라인이라고 하면 분당, 판교, 용인시 서북권의 동천, 신봉, 수지 상현지구와 광교 신도시를 꼽을 수가 있다.

대한민국 부동산시장에서는 살기 좋은 곳과 돈 벌어주는 부동산의 간극은 꽤나 멀어져 있다. 나는 사회생활을 하면서 여러 지역에서 살아 봤다. 내 개인적으로 생각해볼 때 가격 대비 주거환경의 가성비는 고양시 화정지구, 대전의 복수동이 최고였다. 그러나 어디 이런 곳이 한두 곳이겠는가.

그런데 이 지역의 아파트 가격은 동일 평형 기준으로 판교 신도시의 절반에도 못 미치고 있는 것이 현실이다. 따라서 대한민국에서는 살기 좋은 집과 돈이 되는 집의 문제는 별개가 되는 것이다. 이미 사람들에게 돈이 되는 지역의 부동산은 어느 지역이라는 것이 각인되어 있다. 문제는 투자의 타이밍이 될 것이다. 미래에도 경부라인은 계속해서 확장될 것이다.

신분당선 서북부 연장으로 강남에서 용산을 지나 은평 뉴타운, 삼송, 원흥지구로 이어지는 신분당선 서북부 연장구간 예비 타당성 조사가 국토교통부에 제출되었다고 한다. 들리는 말로는 이것이 현실화될 것이라는 설이 유력하다. 정말 이것이 현실화된다면 용산과 3호선 삼송역을 지나 경기 서북부 지역인 일산 파주를 잇는 교통혁명이 일어나게 되는 것이다. 따라서 경부라인은 저 멀리 광교신도시에서 경기 서북부 지역까지 확장되게 되는 것이다.

수도권 아파트에서 교통호재만큼 집값을 올려주는 호재가 어디 있겠는가. 그래서 수도 권내에서 핵심지역으로 뽑는 분당, 판교 집값이 정부의 규제정책에도 아랑곳 않고 계속 오르고 있는 것이다. 부동산 투자, 내가 계속하는 말이지만 현상에 집중만 하지 말고 고개 들어 항상 미래 대한민국 부동산을 주도할 지역을 선점하기 바란다.

2. 3기 신도시, 이곳을 주목하라

　정부의 12.19 3기 신도시 지역 확정 발표가 있기 전까지 3기 신도시 유력 후보지로 거론되던 곳은 서울 도심을 중심으로부터 20~30km 떨어진 곳으로 1기 신도시와 2기 신도시 사이에 위치한 광명, 시흥, 하남시 감북, 고양시 화전, 장항, 김포시 고촌 등의 지역이었다. 그러나 2018년 12월 19일 발표한 국토부의 3기 신도시 확정지역은 시장의 예상과는 완전히 다른 지역을 중심으로 발표가 되었다. 정부의 입장에서는 3기 신도시 예상지역이 발표 전부터 개발 예정지에 대한 정보가 밖으로 알려졌다는 비난에 직면하면서 이번 3기 신도시 지역 확정 발표 내용은 철저한 보안 속에 시장의 예상을 깨고 의외의 지역이 선정되었다.

　2018년 12월 19일, 국토부의 "제2차 수도권 주택 공급계획 및 수도권 광역 교통망 개선방안" 발표 내용에 의하면, 3기 신도시 확정지역은 남양주 왕숙, 하남시 교산, 인천 계양, 과천시 과천지구 4곳에 12만 2천 가구를 공급한다고 한다. 4곳 중에서 과천시 과천지구에는 7,000가구의 중규모로 건설이 된다고 한다.

　3기 신도시 개발면적은 남양주 왕숙 1,134만m², 6만 6천 호,

하남 교산 649만m², 3만 2천 호, 인천 계양 335만m², 1만 7천 호, 과천 155만m², 7천 호가 건설된다. 국토부가 발표한 3기 신도시는 지리적으로 서울과 경계로 2km 떨어진 곳에 위치하며 개발 예정지 대부분은 이미 훼손되었거나 보존가치가 낮은 그린벨트 지역에 건설될 예정이다.

국토부는 3기 신도시 확정발표 이전인 2018년 9월 21일 수도권 주택 공급 확대 정책을 발표하면서 서울과 일산, 분당 등의 1기 신도시와 2기 신도시 사이에 330만m² 이상의 지역에 대규모 공공택지 4~5곳을 개발하고 이곳에 10만 호를 수용할 수 있는 택지 후보지를 2018년 말 까지 발표하겠다고 밝혔었다. 결국 정부는 약속한 대로 2018년 끝나기 전인 2018년 12월 19일에 3기 신도시 예정지를 발표했다. 3기 신도시 추가 예정지역은 2019년에 발표 예정으로 있다.

확정 지정된 3기 신도시는 대규모 택지 개발 지구로 획기적인 교통망의 개선과 자족기능을 우선적으로 고려해 개발할 예정이다. 국토부에 따르면 3기 신도시는 교통 불편이 없도록 2년 안에 교통계획을 수립하고 시행할 것이라고 말하고 있다. 3기 신도시 개발과 함께 부천 역곡 5,500세대, 고양 탄현 3,000세대, 성남 낙생 3,000세대, 안양 매곡 900세대 등에서는 장기 집행 공원 부지를 활용해 중소규모의 택지 개발을 할 예정으로 있다.

서울에서는 강서구 군부대와 군 관사 부지를 개발해 2,400호를 개발하고 노량진 환경 정비 센터, 석관동 방위센터, 강남 서울 의료원 주차장 부지, 대치동 동부도로 사업소, 수색역과 금천구 청역 등 서울 도심 국공유지 17곳을 활용해 1만 4,600호를 공급 할 예정이다. 또 노후 저층 공공시설을 재건축해 공공주택을 함께 건설하는 복합개발을 통해서 7곳에 500세대를 공급 할 예정이다. 이에 따라서 서울시는 상업 주거지역, 역세권 용도지역의 용적률을 상향 조정할 예정으로 있다. 서울시는 이렇게 해서 증가된 용적률의 50%를 임대주택으로 공급하게 되면 신규 공급물량이 3만 세대 이상이 될 것으로 예상하고 있다. 3기 신도시와 별도로 서울과 수도권에 중규모 택지 37곳을 개발해 3만 3천 호를 공급한다. 국토부는 서울과 수도권을 연결하는 GTX A, C 노선을 조기에 착공하고 지하철 연장구간 신설도 적극 추진하기로 했다.

국토부는 이들 지역에 창업 등 기업 활동을 지원하는 기반 시설을 구축하여 서울에 종속되는 베드타운이 아니라 자족기능을 갖춘 도시로 개발할 예정으로 있다. 3기 신도시 개발과 더불어 서울시가 유휴 토지를 활용해 개발하는 1만 9천 호의 공급에도 관심을 갖기 바란다. 정부는 광역급행철도 GTX와 급행 버스

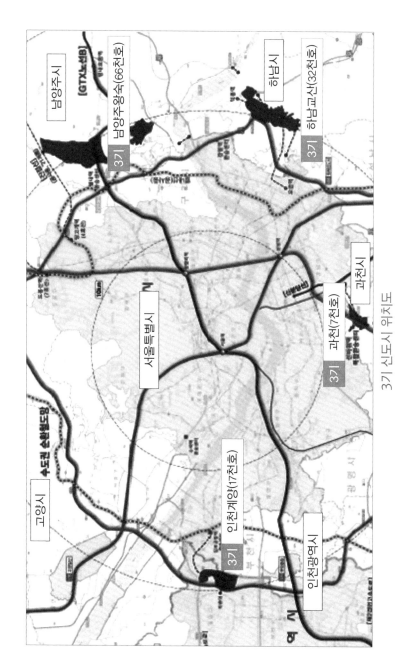

3기 신도시 위치도

남양주시

[GTX노선B]

남양주왕숙(66천호)

37|

하남시

하남교산(32천호)

37|

과천시

과천(7천호)

37|

서울특별시

N

수도권 순환철도망

고양시

인천계양(17천호)

37|

인천광역시

출처: 국토교통부

BTR을 이용해 3기 신도시에서 서울 도심까지 30분 내로 도착하는 것을 목표로 한다고 말하고 있지만 이것은 두고 볼일이다.

정부의 3기 신도시 확정지역에서 정부가 적극적으로 중점을 두고 있는 사안은 도시 개발과 아울러 교통망을 확충하겠다는 것이다. 수도권 신도시 주택의 가치는 서울 근접성, 이동거리, 이동시간과 비례해서 주택의 가격이 결정된다는 점에서 정부의 조치는 시의적절한 측면이 있다. 2기 신도시의 경우 판교, 광교 신도시 등 일부 핵심지역을 제외하고 부동산 시장에서 부각되지 않고 있는 이유는 서울 접근성에서 취약하기 때문이다. 3기 신도시 개발로 서울 접근성이 양호한 지역에 대규모로 주택이 공급된다면 공급물량의 증가로 2기 신도시의 미래에는 재앙이 될 수가 있다. 시장이라는 것은 이렇게 양면성이 존재하는 것이다.

3기 신도시 예정 지구 미래 전망

1. 남양주 왕숙지구

- 위치: 남양주시 진접, 진간읍 양정동 일원
- 개발면적: 1,154만m²
- 공급가구: 6만 6천 호, 왕숙 1지구 5만 3천 호, 왕숙지구 1만 3천 호

• 사업시행사: 한국토지공사, 남양주 도시공사

　남양주 왕숙지구는 다산 신도시와 인근한 지역으로 북쪽으로는 덕송-내각 고속화도로, 남쪽으로는 수서-호평 도시고속도로 사이에 위치하고 있다. 왕숙지구는 왕숙 1지구와 왕숙 2지구로 나눠지고 왕숙 1, 2지구에는 각각 5만 3천 호, 1만 3천 호가 공급 예정으로 있다. 국토부는 왕숙 1지구는 경제중심도시로 건설하고 왕숙 2지구는 문화예술 중심도시로 개발할 예정이라고 한다. 왕숙지구는 수도권 급행열차 GTX B노선(송도-서울역-마석)이 지나는 구간으로 지역 내에 GTX-B노선 역이 들어오고 경의 중앙선역도 유치될 예정으로 있다. 남양주 왕숙지구는 별내 신도시, 다산 신도시의 배후 단지로 수도권 광역 급행열차 GTX B노선의 사업성을 맞추기 위해 지정된 것으로 보인다. 이 지역은 부동산 하락기 당시 별내 신도시, 다산 신도시 모두에서 마이너스 프리미엄이 발생하고 미분양 많았던 곳이다. 그런데 이 역에 또다시 대규모로 주택을 공급한다는 것은 입주민의 증가로 상습 교통 정체 지역이 될 가능성이 크다. 따라서 남양주 왕숙지구가 서울 수요의 대체지역이 되기에는 한계가 있어 보인다.

2. 하남 교산지구
• 위치: 하남시 천현동 교산동, 춘궁동, 사창동, 하사창동 일원

- 개발면적: 649만m²(196만 평)
- 공급 가구: 3만 2천 호
- 사업시행사: 한국토지주택공사, 경기도시공사

　하남 고산지구에는 3만 2천 호가 하남시 천현동, 교산동 일대의 640만m² 개발된다. 하남 교산지구는 하남 미사지구 남쪽, 검단산 아래 지역에 위치하고 있다. 국토부의 3기 신도시 확정 발표 이전에 하남시에서 신도시 지정 예상지역으로 최우선으로 거론되던 곳은 하남시 감북지구였다. 그러나 막상 뚜껑을 열고 보니 감북지구에서 비껴간 교산지구가 지정되었다. 3기 신도시 하남 교산지구는 춘궁동, 항동, 천현동, 하 사창동, 상 사창동 일대가 토지허가 구역으로 지정되었다. 감북 지구가 정부 발표에서 빠진 것은 높은 토지 수용에 따른 보상비가 발목을 잡은 것으로 보인다. 따라서 보상비가 상대적으로 낮은 교산지구를 우회해서 지정한 것으로 보인다.

　거리상으로 거의 서울로 평가받아왔던 강북지구는 지구단위계획이 수립 지정되어 있는 지역으로 시장의 관심을 끄는 지역이다. 하남 교산지구 일대는 2기 신도시 위례 신도시와 미사 신도시 중간에 자리 잡고 있어 범 강남권으로 평가받는 곳이다. 교산지구는 현재도 교통망이 잘 정비된 곳으로 서울 송파, 강동구까지의 접근성이 탁월한 지역이다.

하남 교산지구는 경기도 하남시 자체가 강남 접근성이 매우 양호한 지역으로 서울 강동지역의 주거안정을 위해 신도시 건설의 의미가 있다고 하겠다. 교산지구는 미사 신도시, 위례 신도시와 연계한 배후 신도시로, 위치적으로 미사 신도시의 후면 지역에 위치하고 있어 미사 신도시 보다는 서울 접근성이 떨어질지는 모르나, 3기 신도시로 지정된 4곳 중에서 과천을 제외하고는 서울 접근성에 있어서 다른 곳과 비교 불가라 할 정도로 우수한 지형적 조건을 갖춘 곳이다.

3. 인천 계양지구

- 위치: 인천광역시 계양구 귤현동, 동양동, 박촌동, 병방동, 상하동 일원
- 개발면적: 335만m²(101만평)
- 공급 가구: 1만 7천 호
- 사업시행사: 한국주택공사, 인천도시공사

인천 계양 테크노밸리는 인천시 계양구 귤현동, 동양동 일대 335만m²에 1만 7천 호가 공급될 예정으로 인천 국제공항 고속도로와 계양역, 개화역 중간에 위치하는 지역이다.

인천 계양은 경인고속도로를 통하여 서울의 서남권 접근성이 양호한 곳으로 강서구의 마곡지구, 양천구 목동지구, 영등포 등

지의 주택 가격을 안정화시키기 위해 3기 신도시로 지정된 것으로 볼 수 있다. 인천 계양지구는 위치적으로 서울 중심업무지역까지 접근성이 떨어지기 때문에 남양주시 왕숙지구와 연계된 GTX B노선을 염두에 두고 신도시 지정이 된다고 생각해 볼 수 있다.

4. 과천시 과천지구

- 위치: 과천시 과천동, 주암동, 막계동 일원
- 개발면적: 155만m²(47만 평)
- 공급 가구: 7천 호
- 사업시행사: 한국토지주택공사, 과천시, 경기도시공사

과천시 과천지구는 155만m²의 개발면적에 7천 호를 공급할 예정이다. 과천지구는 대규모 개발지구는 아니지만 개발면적이 155만m²를 넘는 중규모 택지 개발지구라고 할 수 있다. 과천지구는 교통망 확대를 위해 GTX C노선(양주-수원)노선을 빠른 시간 내에 개발을 추진할 예정으로 있다. 과천지구는 4호선 선바위역과 경마공원역을 중심으로 개발될 예정이다.

과천시 과천지구는 서울 서초구와 인접한 곳으로 강남 접근성이 매우 탁월하며 이미 개발된 기반 시설을 이용할 수 있어 모든 면에서 3기 신도시 중에서는 서울 수요를 대체할 가장 현실적인

대안 지역으로 평가받고 있으나 공급물량의 대부분을 임대주택이 차지하고 있어 투자 지역으로 한계가 있다. 다만 서초구와 과천시의 주거안정에는 효과를 거둘 것으로 예상해 볼 수 있다.

수도권에 대규모로 택지를 개발해서 신도시를 조성하기 위해서는 그린벨트를 해제하는 것이 불가피하다. 정부는 훼손됐거나 보존가치가 적은 곳을 골라 개발한다고 하지만 3기 신도시 후보지들은 거의 그린벨트를 포함하고 있다. 그린벨트는 무분별한 도시 확장을 막고 심신에 지친 도시민들의 휴식공간으로 의미가 있는 곳이다. 따라서 이번 3기 신도시 개발은 가뜩이나 비대해진 수도권을 더 비대하게 하는 결과만 초래할 수가 있다.

지금까지 수도권에 조성된 신도시는 자족기능이 없이 졸속으로 개발되어 입주와 동시에 베드타운으로 전락해온 것이 현실이다. 이번 3기 신도시의 경우도 앞서 개발된 신도시와 크게 다를 것이 없을 것이다. 정부는 3기 신도시의 자족기능을 강화하고 신도시의 연계 교통망을 빠른 시간 안에 강화시키겠다는 말을 하고 있지만 2기 신도시의 전례로 판단해 볼 때 이는 신도시 개발 때마다, 의례적으로 말하는 수사에 불과하다는 생각을 안 가질 수가 없다. 정부는 3기 신도시의 교통 연계망을 강화하여 서울 접근성을 높이겠다고 말을 하고 있지만 정부의 신도시 개발이 지역의 인구 유입을 증가시켜 교통난을 더 가중시킬 가능성이 크다. 실제 남양주시의 경우 단기간에 다산 신도시, 별내 신도시 개발로 이 지역은 상습 교통정체 지역으로 전락해 오히려 서울 접근성이 크게 떨어지고 있는 것이 현실이다. 그런데 바로 이 주변으로 6만 6천 호에 이르는 주택을 공급한다는 것은 이 지역의 교통을 더 어렵게 만들 가능성이 높다.

정부가 발표한 3기 신도시 4곳 중에서 서울 수요를 대체할 만한 곳은 하남 교산과 과천지구가 유력하다. 하남 교산, 과천지구를 제외하고 남양주 왕숙, 인천 계양지구는 서울 수요와 무관한 지역에 공급량만 늘리는 결과를 가져와 신도시 개발 예정지 주변의 주택 가격을 하락시키는 요인이 될 수 있다. 부동산 시장을 보는 시각은 제각각이겠지만 나는 개인적으로 서울 수요를 대체하지도 못하는 수도권에 3기 신도시 같은 대규모 택지 개발을 왜하는지에 대한 경제적 이유를 정부에 묻지 않을 수가 없다.

3. 대한민국은 부동산 노매드형 인간들의 최대 서식지

대한민국 국민들은 부동산을 사는 곳이 아니라 사는 것으로 인식하기 시작한 순간, 태어나서부터 죽는 날까지 부동산 노매드형 인간이 된 것이다. 그렇다. 과연 우리 대한민국은 인류에 없던 부동산 노매드형 인간들의 최대 서식지로 남을 것인가. 국민 모두가 부동산에 목을 매고 살고 있는 현실에서 그렇다고 밖에는 대답을 할 수 없을 것이다. 문재인 정부 출범 후 우리는 매우 혼돈의 시간을 보내고 있다. 전 정부 하에서 파격적으로 추진됐던 부동산 규제완화정책이 문재인 정부 들어서면서 규제정책으로 180도 바뀌었기 때문이다.

부동산 시장에서 미래를 예측하는 일은 어렵다. 그러나 옛말에 이런 말이 있다 어려울수록 기본에 충실하라고. 일단 정부의 정책에 담담해지자. 오늘 당장 부동산에 투자할 것이 아닌 사람들은 정부의 정책에 세세한 부분에까지 영향을 받다 보면 미래의 큰 그림이 그려지지 않는다.

문재인 정부 출범 후 짧은 기간 동안 9차례나 되는 부동산 정책이 발표되다 보니 그 내용을 일일이 아는 것도 쉽지가 않다. 지금 우리가 해야 할 일은 지금 당장은 아니더라도 미래에 가치가 있는 부동산이 어느 곳인지 분석하고 투자를 선점하는 것이라고 생각한다. 정부의 정책은 돌고 도는 것이다. 정부의 부동산 규제 정책으로 부동산 불황이 깊어져 실물경기에 나쁜 영향을 미친다면 정부의 정책은 시장 친화적으로 회귀할 것이다. 민주공화국에서의 정부는 국민의 표로 그 정당성을 입증받는다.

정부의 정책이 의도하는 바가 정의로운 것이라도 시장의 수요자가 불만족하면 그 정책은 용도 폐기되고 만다. 잠시 동안만이라도 너무 복잡해 답이 안 나오는 정부의 부동산 정책은 묻어두고 단순하게 생각해서 미래에 오를 가능성이 큰 부동산 지역을 점쳐보자. 정부의 정책은 이미 다 노출된 카드다. 정부의 정책이 무서워 투자를 못하는 것은 아니다.

시장이 아무리 위축되었다고 해도 투자하는 사람은 존재하는 것이고 시장이 공포에 휩싸여 있을 때 투자하는 사람은 미래의 블루오션을 만나는 기회가 주어진다.

여러분은 어떤 아파트가 좋은 아파트라고 생각하는가. 살기 좋은 아파트란 친환경 위에 지어진 내부 구조가 건실한 아파트가 아니다. 우리에게 좋은 아파트란 현 시세보다 잠재가치가 높아 미래에 시세차익이란 달콤한 열매를 안겨주는 곳이다.

해방 후 한국경제는 1인당 GDP 기준으로 360배 성장했다. 이렇게 놀라운 경제성장은 2차 세계대전 이후 독립한 신생 국가들 중 어느 나라도 이루지 못 한 것이다. 세계는 이를 독일 라인강의 기적을 빗대어 한강의 기적이라고 말하고 있다.

우리는 선진국이 수백 년에 걸쳐 이룩한 경제성장을 단기간에 이뤄냈다고 해서 압축 경제라고 표현한다.

우리나라는 국토는 인구에 비해 인구밀도가 매우 높다. 우리나라는 국토의 70% 이상의 산지로 개발이용 가능한 국토의 면적은 상대적으로 적다.

개발할 국토의 면적은 적은 반면에 압축성장을 하는 과정에서 토지의 이용률은 기하급수적으로 증가하는 환경에서 부동산 가격은 늘 수요가 공급을 초과해서 증가해왔다. 이러니 아무도 관심을 두지 않던 땅까지 국토개발계획이 수립되고 개발이 본격화되면 잡종지에 불과한 땅들도 황금알을 낳는 거위로 변해서 내 품에 안기는 데 누가 부동산 투자를 외면할 수 있을 것인가.

부동산은 주식 채권 투자와 비교해 환금성이 떨어진다. 그러나 한 번 사두면 떨어지는 법 없이 항상 오르기만 해왔다. 이는 국토 교통부의 정보망에 접속하여 그동안의 전국 땅값의 공시지가 변천사를 확인해 보면 바로 알 수가 있는 내용이다.

최근의 상황이 이전과는 다른 흐름을 보이고는 있지만 대한민국에서 부동산은 서민이 중산층을 넘어서 부자로 가는 최고의 투자수단이다.

지금 부동산시장은 다주택자에 대한 규제 강화, 금리 인상, 인구 절벽으로 인한 내수 경기의 침체 등 온갖 악재에 다 노출되어 있다. 그럼에도 부동산에 대한 뜨거운 관심은 식지 않고 있다. 여전히 부동산은 나에게 대박을 안겨줄 수 있는 상품이라는 인식이 바뀌지 않고 있다. 그렇다. 부동산은 압축 경제 시대처럼 전 지역이 폭발적으로 오르지는 않겠지만 미래의 핵심구역으로 상승할 여지가 있는 지역은 우리에게는 여전히 뜨거운 감자다.

최근에 부동산 부정론자들의 입에서 흔히 하는 말이 이제 부동산으로 돈을 버는 시대는 끝났다고 말을 한다. 이들의 말을 듣다 보면 이들의 얘기가 꽤 근거 있게 들린다. 그들은 우리나라도 일본처럼 일본이 20년 전에 겪었던 것처럼 2018년 인구 절벽이 본격화되고 있어, 지방부터 하나 둘 불 꺼진 아파트 단지들이 늘어날 것이고 인구 절벽은 내수경기의 침체를 불러와 수익성 부동산의 수익을 갉아먹을 것이며 무엇보다 우리 경제가 과거처럼 역동적인 성장하는 시대는 끝나고 한국경제는 감속 경제의 시대로 진입해 있다는 것이다.

여기에 수요를 초과하는 아파트 공급량과 강화되는 정부의 주택 담보 규제정책으로 유동성의 고리가 끊기는 것과, 금리 인상이 코앞에 와 있는 시점에 부동산이 오른다는 것은 시대착오적이라고까지 말을 한다. 과연 그럴까.

부동산 부정론자들의 말을 무시해서가 아니고 그들은 인간의 투기적 본능을 이해하지 못하고 있다. 인구 절벽 현상에도 불구하고 서울 수도권을 중심으로 오히려 핵심권역의 범위는 넓어지고 있고 이 지역들은 앞으로 투자자들에게 놀라운 수익률로 보답할 것이다.

나는 앞으로도 지방 일부 핵심권역과 서울 수도권의 아파트는 계속해서 오를 것이라고 믿고 있다. 지역 간 양극화는 어쩔 수 없는 문제라고 이해해도 전체적으로 아파트 시장이 냉각될 것이라고 하는 의견은 도저히 받아들이기 어렵다.

우리는 아파트의 가치를 논함에 있어 소위 4가지 우위 요소를 꼽고 있다. 그 4가지 우위 요소는 입지, 생활환경, 교육 환경, 그리고 교통 인프라다. 국내에서 이 4가지를 기준으로 하면 그 가치에 근접한 아파트 지역이 나온다. 그 가치에 부합되는 아파트 단지들을 손으로 꼽아봐라. 그리고 그 아파트 단지들의 현재 가격을 봐라.

강남 아파트가 최고의 아파트인 것은 내부 구조와 생태적 환경이 완벽하게 조화를 이뤄서 가격이 높은 것이 아니다.

강남 아파트는 앞에서 열거한 이 4가지 조건들은 완벽하게 갖추고 있기 때문이다. 나는 주식이나 부동산이나 핵심가치가 있는 것은 현재의 가격이 고점이라고 해도 계속해서 신고가를 갱신할 것이라고 믿고 있다.

그러니까 강남 아파트의 현재 가격이 높은 줄은 알고 있지만 앞으로 더 오를 가능성이 크다는 것이다. 그런데 강남 아파트는 저금리를 이용해 레버리지를 활용한다고 해도 어느 일정 수준은 현금을 쥐고 있어야 투자를 할 수 있다.

3.3m² 당 매매가가 5,000만 원 대가 넘는 강남 아파트를 서민

이 빚내서 투자한다는 것은 거의 불가능하다. 그래서 나는 현재는 저평가 되어 있으나 앞으로 반드시 놀라운 가격 상승이 있을 것으로 믿어지는 지역을 선점에 투자하면 돈 없는 사람도 기회가 있다고 생각한다. 물론 돈이 충분하다면 강남 아파트는 여전히 매력적인 투자 상품이다.

나는 앞으로 가격 상승의 가능성이 있는 저평가 우량 지역에 관심이 크다. 예전처럼 분양 아파트를 단기간에 프리미엄 받고 되파는 것도 좋은 투자 방법이기는 하다. 그러나 현재 정부의 강화된 청약 제도의 틀에서 분양받자마자 프리미엄 받고 되파는 식의 투자는 가능성이 희박하다.

부동산 투자를 주식투자하듯이 단기로 무엇을 이뤄 보려는 것은 안된다. 주식도 장기적으로 시간을 지배하는 사람만이 주식시장의 변동을 이겨 낼 수 있는 것처럼 부동산도 마찬가지다. 그리고 부동산은 유동자산이 아니라 움직이지 않는 자산이다. 이런 부동산을 갭 투자로 성급히 돈을 벌려 하는 경우 지역의 주택시장이 조금만 출렁거려도 돈만 까먹고 손절매해야 하는 순간이 온다. 투자 상품은 그것이 무엇이 됐었든 간에 정상적인 방법으로 장기간 투자하는 사람이 성공을 하는 법이다. 누가 갭 투자로 수백 채의 집을 장만했고 수십억을 벌었다고 하지만 이것은 우리가 그의 통장을 보지 않는 한 확인할 수가 없는 내용이다. 그리고 땀 흘려 번 근로소득이나 사업소득이 아닌 부동산으로 돈을 벌었다는 것이 어디 가서 자랑할 일도 아니고 그런 점에서 부자들은 절대 자신의 지갑을 공개하지 않는다.

4. 신 강남 벨트 지역에 투자하라

　지금까지 우리의 인식 속에서 강남이라고 하면 한강벨트 축선 상의 반포에서 잠실 재건축 단지에 이르는 지역과 서초구 서초동 우면산에서 강남의 수서동 대모산에 이르는 박스권 안의 지역들을 소위 강남 지역이라고 포지셔닝 해왔다. 이 지역들은 대한민국에서는 대체할 지역이 없는 핵심지역 중의 핵심이라는 사실을 부인할 사람은 없다. 나 역시 그렇다. 사람들은 저마다의 사연을 담고 있는 버킷 리스트를 갖고 있다. 버킷 리스트에 올라있는 목록들은 지금 당장 가질 수 없는 것이기에 버킷리스트 목록에 오른 것이다. 쉽게 가질 수 있는 것을 버킷 리스트 목록에 올리는 사람은 없을 것이다.

　아파트 시장에서의 버킷 리스트가 바로 강남 아파트에 사는 것이다. 이 말에 동조하지 않는 사람도 있을 것이다. 세속주의 시각에서 강남 아파트는 누구나 살고 싶어 하지만 또 누구나 강남 아파트에 살 수는 없다. 소유의 갈망이 절실한 곳이 아파트 시장에서는 강남 아파트다. 그래서 아파트 시장에서의 버킷리스트는 강남 아파트가 되고 있는 것이다.

사람들은 사랑이 어떻게 변하니, 사랑이 변하는 것이 아니라 사람이 변하는 것이다. 논리의 비약으로 비칠 수 있겠지만 부동산 시장의 투자논리도 같다고 생각한다. 부동산 시장의 핵심권역은 변하지 않는다. 그런데 이번 서울 집값 상승 랠리에 있어서 강남 이외의 지역에서 강남에 버금가는 집값이 오른 지역이 전통적인 강남지역을 벗어난 지역이었다는 것을 이제는 알아야 할 것 같다. 신 강남벨트 지역이라고 말하는 곳은 서초동 우면산에서 수서동 대모산을 북쪽으로 배후로 삼고 있는, 강남에서는 비교적 신규로 개발된 서초구 내곡동, 강남구의 수서 역세권, 자곡동, 세곡동과 송파구 장지동 유통단지, 장지 유통단지와 송파대로를 마주하고 있는 위례 신도시, 마천·거여지구, 하남의 미사 신도시와 서울을 경계로 하고 있는 고덕 재건축 단지 등으로 서울 동남부와 경기도의 경계를 이루고 있는 지역이다. 나는 개인적으로 신 강남벨트라고 부르는 이 지역들이 기존의 강남에 버금가는 지역이 될 것으로 믿고 있다. 이번 서울 집값의 상승장에서 기존의 강남 핵심지역 이상으로 아파트 가격이 많이 오른 곳도 이 지역 내의 아파트 단지들이었다. 이곳들은 비교적 최근에 개발된 곳으로 미래에 가격 상승 여지가 아직도 많다. 만약 강남의 대체 투자를 고민하는 사람들이라면 꼭 이곳의 아파트 단지들을 방문해 미래 전망을 알아보기 바란다.

2000년대 중반 부동산 시장이 한참 달아올랐을 시기에 서울의 뉴타운 재개발 지역인 거여, 마천지구와 소위 한강 개발 축선상의 용산, 한남, 성수지구는 누구나 눈독을 들이던 곳이었다. 그러나 부동산 버블이 꺼지게 되면서 이 지역들은 사람들의 기억 속으로 사라져갔다.

그런데 이 지역들이 최근에 본격적인 개발을 시작하면서 다시 시장의 빅 이슈 지역으로 떠오르고 있다. 미래의 가치를 보고 기다리면 될 것을 단기적인 시장의 변동에 마음이 흔들려 좋은 투자 기회를 스스로 날린 사람들은 지금 후회를 하고 있을 것이다. 투자는 기회를 선점해야 성공하는 게임이다. 제아무리 핫한 지역도 잔치가 끝난 후 들어가면 찬밥 대우를 받는다. 우리의 투자심리라는 것은 시장의 가벼운 움직임만으로도 언제나 변심을 한다. 현재라고 해서 그렇지 않겠는가. 부동산은 시간에 비탄력적이다. 그러나 핵심지역은 시간이 문제이지 반드시 오른다.

앞으로 아파트 시장은 수도권과 비수도권 수도권도 위치에 따라 가격 차별화가 현저하게 진행될 것이다. 다른 투자자들보다 미래의 가치가 기대되는 곳을 선점해 투자해야 한다. 이러한 조건에 가장 부합되는 곳이 바로 이 지역의 아파트 단지들이다. 이 지역의 아파트는 이미 많이 올랐다. 그러나 아파트는 한 번 핵심권으로 분류된 지역은 시간이 지나갈수록 가격이 더 오른다.

5. 남북경협의 최대 수혜지역, 파주 운정 신도시

앞에서도 언급했듯이 우리나라 사람들의 강남 사랑은 유별나다. 실제 가보면 별 볼 것도 없고 도로 양편으로 고층의 아파트만 숲을 이루고 있어 오히려 숨이 막히는 지역이 강남이다. 그러나 대한민국에서 집은 사는 곳이 아니라 사는 것이라고 했던가. 현재 강남의 아파트들은 3.3m²(평)당 매매가가 1억 원이 넘는 집들이 속출하고 있다. 그러니 강남 아파트 한 평 살 돈으로 소도시에서는 20평대 아파트를 사고도 남는다는 소리가 나오는 곳이다. 실제로 소도시에는 1억 원에 못 미치는 아파트들이 많이 있다.

강남 아파트에 비해서 파주 운정 신도시는 대규모 아파트 단지임에도 탁 트인 자연공간을 갖추고 있어 첫인상부터 쾌적하다는 느낌을 받는다. 그리고 이곳은 남북경협이 급속하게 추진되면서 사람들의 관심을 끌고 있는 대표적인 지역이다. 파주 운정 신도시는 그동안 휴전선과 가깝다는 이유와 교통이 불편하다는 이유로 저평가 되어 왔었다. 현재 이 지역은 휴전선이 가깝게 있다는 이유가 호재가 되어 남북경협의 전초기지로 각광받고 있다. 정말 인생사는 아무도 모르는 것이다. 이렇게까지 남북평화가 급진전 되리라고 누가 상상이나 했겠는가. 남북경협의 급진전으로 운정 신도시 재평가 작업이 한창 진행 중이다. 부동산 가격도 오르고 있다. 정말이지 사람 오래 살고 볼 일이다. 그러나 운정 신도시의 아파트 가격은 GTX 호재가 있는 일부 역세권을 제외하고는 그렇게 가격 상승세가 높지 않다. 그러나 파주 운정 신도시가 미래가 기대되는 지역 중 한 곳이라는 것에 의문을 제기할 사람은 그리 많지 않을 것이다.

앞에서 말했듯이 파주 운정 신도시는 남북 경협의 최대 수혜지역이다. 그래서 우리는 그동안 도시의 인프라에 비해서 저평가되어왔던 파주 운정 신도시를 주목하고 있다. 운정 신도시는 사실 남북 평화무드가 아니더라도 가격 상승 요인이 많이 있다.

파주 운정 신도시는 수도권의 교통혁명이라고까지 평가하는 수도권 급행열차 GTX A 노선의 기착지로 이미 신한지주 컨소시움이 공사를 착공했다. GTX는 지하 40m에 직각으로 수직 터널을 뚫어 가히 혁명적인 공사기법을 통해 수도권과 서울역, 강남의 삼성역 간의 이동시간을 기존의 70% 이상 줄이는 파격적인 교통 개발이다.

따라서 파주 운정 신도시를 평가할 때마다 항상 지적되어온 서울 중심권으로의 이동시간이 크게 단축되게 된 것이다. 수도권 지역의 아파트를 평가함에 있어서 서울로의 이동 시간을 단축시키는 교통호재만한 것이 어디 있는가. 이미 이 사실은 이 지역 아파트에 가격이 반영되어 운정역 주변의 아파트 단지들은 많이 올랐다. 아직 운정 신도시 전체 지역으로 확산되기까지는 많은 시간을 필요로 하지만 오히려 이 시점이 미래를 보고 투자해야 하는 시점이 아닌가 하고 생각한다.

파주 운정 신도시는 파주라는 어감이 왠지 서울과 먼 거리에 위치한 것처럼 생각되지만 사실 운정 신도시는 고양시의 식사, 덕이 지구 바로 옆에 붙어있는 지역이고 일산 신도시와 지근 거리에 있는 지역이다. 그동안 교통편이 불편해서 그렇게 인식되어 왔을 뿐 서울과 직선거리로 얼마 안 되는 거리에 위치하고 있다.

파주 운정 신도시를 가본 사람들은 다 느끼는 사실이지만 도시 인프라는 거의 완벽하게 완성이 되었으나 신도시 초기의 모습이 다 그렇듯이 썰렁한 느낌을 준다. 그러나 앞으로 GTX 개발이 끝나고, 서울과의 이동시간이 단축되면 운정 신도시의 배후에 있는 파주 교하지구, 금촌지구와 함께 서울 서북단 지역의 랜드마크 도시로 거듭날 가능성이 높다.

파주 운정 신도시는 번잡한 것이 싫고 쾌적한 주거환경을 추구하는 사람들에게는 딱 맞는 지역이다. 운정 신도시는 바로 옆에 인접해있는 일산 신도시보다 확실히 북적거리는 것이 덜하고 자연 친화적으로 건설되어 녹지 공간도 풍부하다. 특히 파주 운정 신도시의 자랑거리인 호수 공원은 시간이 지나면서 더욱 자연 친화적인 환경으로 발전할 것이다.

교육 인프라 측면에서도 일산 신도시의 사교육 일번지라고 할 수 있는 정발산, 마두, 주엽동과 버스를 이용해도 20분 이내면 이동할 수가 있고 버스 노선도 많은 편이다. 따라서 혹시 자녀들의 교육을 염려하시는 부모님들에게 자녀의 교육권에는 지장이 없다고 말할 수 있다.

일산 신도시와 파주 운정 신도시 중에서 어느 지역을 선택할 것이냐고 내게 묻는다면 나는 머뭇거리지 않고 파주 운정 신도시를 선택할 것이다. 투자라는 것은 모름지기 미래를 보고 투자하는 것이지 현재를 보고 투자하는 것이 아니기 때문이다. 여러분이라면 어디를 선택할 것인가.

6. 신분당선 호재로 뜨고 있는 판교, 용인시

부동산 투자는 경기 흐름에 영향을 받을 수밖에 없다. 그러나 거시 경제의 흐름을 "0"라고 가정하고 부동산 시장을 바라보면 역시 오를 곳은 오른다는 진리를 확인할 수가 있다. 여기에 해당되는 대표적인 곳 중 하나가 판교 신도시이다. 판교 신도시 백현동에는 지식기반 산업단지가 입주한지 5년 만에 지역 내 기업 매출이 70조 원을 넘어서고 있으며 우리나라를 대표하는 테크노 산업단지로 자리 잡았다. 또 이곳은 신분당선의 연장으로 서울 강남까지 20분 내에 이동이 가능해졌다. 지금부터 2년 전 백현마을 6단지 휴먼시아 84.69m² 아파트의 매매가가 8억 3천만 원 수준에서 거래가 이뤄졌지만 2018년 10월 기준으로 매매가가 13억 원대로 올라섰다. 판교 신도시는 경부고속도로를 기준으로 해서 동쪽은 동판교, 서쪽은 서판교로 불린다.

동판교를 대표하는 곳이 백현동이라고 한다면 서판교를 대표하는 곳이 운중동이다. 운중동은 고급 주택단지와 아파트가 상호 보완재 역할을 하면서 건설된 단지로 녹지공간이 매우 풍부한 장점을 가지고 있다.

서판교는 차량으로 이동할 때 용서 고속도로 진입이 용이하고 월곶-판교 복선 전철 개통에 대한 호재가 있는 곳이다. 그리고 무엇보다 대중교통을 이용해 서울 강남에서 서울 강북 중심의 종로까지 중간에 환승 한 번 없이 논스톱으로 갈수 있어 대중교통 이용도 편리하다. 판교 신도시 운중동 83.50m² 아파트는 10억 원대를 호가하고 있다. 판교 신도시 투자에 있어서 서판교는 아파트 투자에 대한 매력도는 떨어지는 반면 타운 하우스, 단독주택에 거주하고 싶은 사람들의 만족도가 매우 높은 지역이다.

　현재의 가격대가 부담스러운 것이 사실이지만 판교 신도시는 5대 호재가 몰려있는 지역으로 미래가 기대되는 곳이다. 현재 판교 신도시에는 GTA A 노선 착공, 신분당선 연장으로 2021년 강남-신사 구간 개통을 앞두고 있으며, 제2, 3의 판교 테크노밸리 산업단지가 각각 2019년 2025년 완공 예정으로 있다. 또 월곶-판교 기본계획 수립이 완료된 상태로 이곳이 개통되면 판교는 사통팔달의 교통망을 갖추게 된다. 이러한 호재가 결합되어 판교는 서울을 제외한 2기 신도시 중에서 평균 매매가가 가장 높은 지역이 되었다.

　2018년 1월 기준으로 판교 신도시의 아파트 3.3m²(평)당 매매가는 2,911만 원이었으나 2018년 9월 기준으로 3,326만 원으로 상승했다.

정부가 3기 신도시 개발 계획을 발표했지만 일부 2기 신도시 주민들이 이를 반대하고 있다. 과잉공급, 경기 침체 등으로 아직 2기 신도시의 위상이 정립되지 못한 상태에서 3기 신도시 개발은 2기 신도시의 위상 추락을 예고할 수도 있기 때문이다. 그러나 2기 신도시 중에서 판교 신도시만은 계속해서 신고가를 써나가고 있으며 미래에 강남을 대체하는 지역으로까지 그 위상이 날로 높아지고 있다. 문제는 지금의 조정장세에서 판교 신도시가 예전처럼 신고가를 계속해서 써나갈 수 있느냐의 문제에 있다.

판교 신도시를 통과하는 GTX A 노선(동탄-삼성-파주)은 사업이 예정보다 지연되고 있어 앞으로 변수는 많겠지만 2024년까지는 개통이 완료될 것으로 예상을 하고 있다. 제 1,3,5 공구의 시공사 선정을 정하는 공사 입찰공고가 뒤늦게 나온 측면도 있지만 공사 소요기간은 착공 이후 대략 60~70개월 소요될 것으로 예상된다. GTX A 노선이 개통되면 동탄에서 삼성역까지 20분 이내에 도착할 수 있다. 영동대로 환승 센터는 서울 강남 삼성동과 봉은사역으로 이어지는 영동대로 하부에 5개 광역, 지역 철도를 탈 수 있는 통합역사와 버스 환승 정류장, 공공사업시설을 갖춘 광역 복합 환승센터를 조성하는 사업으로 2019년 초에 사업이 시행에 들어간다.

대형 아파트의 무덤, 용인시의 대형 아파트에 투자했다가 눈물만 쏟고 나온 사람이 한 둘이 아닐 것이다. 용인시는 2000년 초·중반에 전국에서 가장 많은 대형 아파트가 공급된 지역으로 서브프라임 모기지론 금융위기로 대형 아파트가 철퇴를 맞으면서 아직까지도 그 후유증에서 벗어나지 못하고 있다. 이런 현실에 놓여있던 용인시의 아파트들이 2014년 박근혜 정부의 부동산 부양책과 맞물려 신분당선 광교 신도시 연장구간의 신설로 신분당선역이 통과하는 동천, 신봉, 수지, 상현지구의 소형 아파트 가격이 크게 오르는 대박을 맞았다. 그러나 여전히 대형 아파트들은 좀처럼 전 고점을 넘어 서지 못하고 있다.

그래서 용인시는 전국에서 대형 아파트와 소형 아파트 간의 가격차가 가장 높은 지역이 되었다. 그러니까 서울에서는 강남 집값이 급등해 비소형 아파트들도 따라 올라 소형 아파트와의 가격 격차를 줄이고 있지만 용인시의 대형 아파트는 여기에 해당되지 않으니 용인시의 대형 아파트에 투자 희망을 가진 사람들은 그나마 용인시의 핵심지역이라고 하는 동천, 보정, 신봉, 수지 지역을 중심으로 투자대상 아파트를 물색해보기 바란다.

용인시는 단기간에 도시기반이 만들어진 도시치고는 발전 속도가 빨라 전국에서 인구 유입 속도도 가장 빠른 도시다.

현재 용인시 인구는 100만 명이 넘어섰다. 용인시는 개발된 지

20년이 지나 건물이 낡고 살기가 불편해진 분당 주민들의 대체 거주 지역으로 성장해왔다.

실제 용인시 서북부 위치하고 있는 동천, 죽전, 수지 지구는 분당과 경계로 하고 있어 이러한 요구에 충실해왔던 것이 사실이다.

용인시는 수도권에서 단기간에 걸쳐 가장 많은 아파트가 공급된 지역이다. 그래서 용인시 하면 그 정체성이 베드타운이라는 생각이 사람들의 머릿속에 각인되어 있다.

그렇다. 용인시는 거대한 규모에도 불구하고 서울 강남, 분당 신도시에 생활 편의 시설의 많은 부분을 의존해온 기생 도시라는 인식이 강하다. 용인시는 도심 안에 거대한 상권을 가진 번성한 상권이 없다. 용인시는 신도시처럼 사전에 도시 계획 전반을 기획하고 발전한 도시가 아니다. 그래서 용인시의 개발을 두고 난개발이라고 부르는 것이다.

지금까지의 용인시의 발전 축은 베드타운이라는 정체성에 걸맞게 분당과 근거리에 있으면서 분당선 개통으로 교통호재가 있고 지리적으로 분당에 인접해 있는 동천, 죽전, 보정, 수지 지구가 아파트 시세를 주도해왔다. 이런 가격 추세가 현재에도 이어지고 있다.

이 지역들은 신분당선 개통으로 강남 접근성이 좋아지면서 용인 아파트 시장을 주도하고 있다. 용인시에서는 자족도시로서의 기능을 갖추기 위해 다양한 지역 내 산업시설을 유치하려고 하지만 용인시의 아파트들은 앞으로도 서울 분당을 대체하는 베드타운이라는 위치에서 벗어나기가 어려울 것이다.

용인시의 서쪽 지역에 해당하는 상현, 수지, 성복, 신봉 지구는 수도권 남부의 허파라고 하는 광교산을 배경으로 하는 관계로 친환경이라는 측면에서 이보다 좋은 곳이 없다. 주거공간이 쾌적하고 상대적으로 대형 아파트의 물량이 많이 공급된 이 지역은 노후를 이곳에서 지내려는 강남의 노년층들이 대거 이주해 왔다.

부동산 버블기에 이 지역에 공급된 아파트는 거의 대형 아파트였다. 아마 수도권 전체에서 대형 아파트의 공급이 가장 많았던 곳도, 가격이 가장 많이 떨어진 곳도 이 지역이다. 아직까지 그 후유증에서 벗어난 것은 아니지만 가격이 차츰 바닥에서 서서히 올라오고 있는 중이다. 이곳에 새로 분양된 중소형 아파트는 신분당선 개통 호재로 프리미엄이 1억 원 이상 붙은 곳이 많았었다.

수도권 아파트 그중에서 남동부권의 아파트는 강남 중심권으로의 이동시간이 아파트의 가격을 결정한다. 용인시의 서북쪽 아파트 단지 중에서 최근 들어 가장 많이 가격이 오른 지역인 동천, 신봉 지구 등은 신분당선 개통으로 집값이 단기간에 크게 올랐다. 특히 오랜 기간 침체에서 벗어나지 못했던 성복지구, 상현지구는 신분당선 개통이라는 교통호재 이외에는 특별한 호재가 없었음에도 아파트 가격이 단기간에 오른 것은 역시 신분당선이라는 교통호재가 있었기 때문이다. 베드타운으로 분류되는 지역은 교통호재 이상으로 아파트 가격이 오를 호재는 없다. 이 덕을 본 지역이 동천, 수지역 인근의 역세권 아파트였다는 점을 우리는 기억할 필요가 있다. 따라서 용인시의 아파트 투자는 지역의 교통호재를 중심으로 미래에 투자할 아파트를 골라야 한다.

용인시의 아파트 투자는 신분당선 수혜지역과 GTX 용인 기착지인 구성 지구를 눈여겨볼 필요가 있다.

용인 시의 핵심 주거지역 개발 지구는 수지, 성복, 동천, 신봉 지구 등이다. 용인시는 도시인구 100만 명 시대를 열면서 지금까지의 베드타운이라는 불명예를 씻어내고 자족도시로서의 기능 강화에 도시의 미래 발전을 걸고 있다.

용인시의 인구는 100만 명을 이미 넘어섰다. 향후 자연 유입인구 9만 명, 사회적 증가 인구 37만 명, 외부인, 군인 등 5만 명을 확보해 2020년에는 인구 127만 명의 시대를 넘고 2035년에는 인구 150만 명 시대를 열 예정으로 도시 기반 시설을 확충 중이다.

새로운 도시 기본 계획이 나오면 계획인구의 변동이 중요하다. 용인시는 2017년 말 기준 인구 100만 명에서 2035년 인구 150만 명을 목표로 하고 있다.

2015년 이후 우리나라는 자연 인구의 감소로 인구 절벽 시대로 진입했는데 과연 2035년에 가서 계획대로 인구 150만 명의 자족 도시로서 성장할 수 있을지는 의문이 든다.

도시계획은 목표를 현실보다 높게 잡을 수밖에 없다. 지방자치 단체에서는 미래 인구 목표치를 높게 잡아야 이를 기준으로 필요한 예산을 확보할 수 있기 때문이다.

용인시의 현재 처해있는 근본적인 문제는 베드타운으로서의 자족기능이 현저하게 떨어진다는 것이다. 용인시는 이를 해결하기 위해 GTX 용인역에 기업들이 입주할 수 있는 산업 단지를 만들 계획으로 있다.

용인시의 주목할만한 아파트 단지는 신분당선이 통과하는 동천, 성복, 신봉 지구가 되겠지만 GTX역이 들어설 예정으로 있는 구성역 주변의 아파트 단지를 주목해볼 필요가 있다.

용인시에 대한 단 한가지 정확한 판단은 강남권의 확장으로 강남 분당의 대체 거주지를 찾는 인구의 유입이 꾸준히 증가한다는 것이다. 따라서 용인시의 아파트 시세를 주도하는 수지, 동천, 죽전, 보정, 성복, 상현, 신봉지구 등의 아파트에 투자 계획을 갖고 있는 사람들은 이 지역 아파트 단지의 시세 흐름을 주목해서 봐야 할 것이다.

7. 서울 동부권 핵심축, 청량리 재개발

청량리 역세권은 영등포와 함께 서울 구상권을 대표하는 곳이다. 특히 청량리는 서울 동부권의 중심지역으로 서울 동부권의 상권, 교통의 중심지다. 따라서 청량리 역세권이 개발된다면 청량리 역세권과 서울동부지역의 핵심구역이라는 위상을 더 확고히 할 것이고 이것이 우리가 청량리 역세권 개발을 주목해서 봐야 할 이유이다.

청량리 역전은 서울역의 양동, 미아리 텍사스 집장촌과 함께 동대문구 전농동 588번지는 흔히 588로 부르던 서울의 대표 3대 집장촌으로도 유명한 곳이다. 청량리 재개발은 바로 이곳을 재개발하는 것이다. 앞으로 서울 동대문구 전농동 588번지는 과거를 털어내고 초고층 주상복합 아파트촌으로 싹 바뀐다. 청량리 재정비 4구역에 해당하는 588 일대에는 오는 2021년까지 지하 8층 지상 65층짜리 주상복합 건물 4개동과 호텔, 백화점, 오피스텔이 들어선다.

▷ 청량리 재정비 4구역
위치: 동대문구 전농동 620번지 일대
대지: 2만 6,330m²

사업: 최고 65층 주상복합 4개동

호텔, 오피스텔, 쇼핑몰 등 랜드마크타워 1개동

2015년 관리처분 인가

시공사: 롯데건설

청량리 4구역 재개발 지역은 2017년 8.2 부동산 대책 발표 당시 투기지역 11개 구에 들어가지 않았던 곳으로, 투기 지역 내 주택 담보대출건수 제한 등의 규제로부터 자유롭다.

청량리 재개발(재정비) 지역은 청량리역이라는 교통요지와 인접해있어 미래가치가 높다.

이곳은 강남에 투자하지 못한 사람들의 차선 투자 지역으로 각광받고 있다.

청량리 일대는 서울 동부권의 대표 상권답게 유동인구가 엄청나고, 청량리역, 롯데백화점, 청량리 청과물 도매시장, 청량리 전통시장, 동부청과시장, 경동시장이 청량리 역세권에서 제기역 사이에 포진해있어 서울 동부권 거주 주민들로 항상 북적이는 곳이다.

동대문구 전농동 620번지 일대를 개발하는 청량리 재개발 4구역은 연면적 37만 6,654m² 규모의 지하 8층, 지상 65층으로 건설되어 아파트 1,425가구와 오피스텔 528실 등 총 4개동에 백화점,

호텔, 사무실을 갖춘 42층의 랜드마크타워 1개동 등 모두 5개의 초고층 건물이 2023년까지 들어설 예정으로 현재 토목공사가 한창 진행 중이다.

청량리 동남쪽에 위치한 동대문 롯데 캐슬 노블레스는 전농 11구역을 재개발해 2018년 6월 입주를 시작한 곳으로 전용면적 58m²의 매매가가 9억 원(2018년 10월)에 거래되고 있다.

청량리 4구역 이외에도 청량리역을 중심으로 개발이 진행되는 곳이 상당수 있다.

청량리 동쪽으로 전농 8구역, 북서쪽으로 청량리 6, 7, 8구역과 제기 4, 6구역 등이 있다. 청량리 재개발은 사업지의 규모와 추진 속도가 제각각이다.

단순 비교할 수는 없지만 청량리 재개발은 재개발로 인한 지역 부동산의 가치가 급등한 강북 재개발의 상징 같은 곳이다.

청량리 역세권의 초미의 관심 지역으로 떠오른 이유는 앞으로 예정되어 있는 개발 호재 때문이다.

서울시는 2018년 7월 청량리 일대 대규모 철도 역세권과 주변 지역을 교통 및 상업중심지로 만들기 위한 '청량리역 일대 종합 발전 계획'을 발표하였다. 청량리역을 중심으로 남서지역을 포괄한 1.8km² 규모다.

구체적 내용은,

(1) 주민 센터 및 사회복지 시설 청사의 복합개발

(2) 청량리역 광역 환승 철도(KTX 동북부 연장선, GTX B, C 노선, 면목선) 개통

(3) 지하 통합 환승 센터 구축

(4) 청량리 종합시장 중심 시가지형

(5) 청량리역 이면부지 역과 대학 연계로 청년 창업 지원센터 설치

(6) 전통시장 내 문화 공간 조성 등이 계획되어있다. → 개발 완료 후 유동인구의 폭발적 증가가 예상되는 지역이다.

현재 청량리역은 서울 지하철 1호선(경원선)과 경의중앙선, 경춘선, 강동선 등 총 4개 노선이 지나고 있다. 개발 후 여기에 송도-청량리-마석 간 GTX B 노선, 금정-청량리-의정부 급행철도 GTX-B 노선, 분당선 연장, KTX 경강선, 면목선 경전철 등 5개 노선이 추가되면 총 9개 노선이 된다. 유동인구가 늘고 상권이 활성화되면 재개발 신축 아파트로 이주 수요도 상당량 늘어날 것으로 전망된다. 이런 이유로 재개발 추진 속도가 빠른 지역의 매물은 나오자마자 바로 소화가 되고 있고 청량리 7구역은 조합원 매물이 없어 못 판다고 한다.

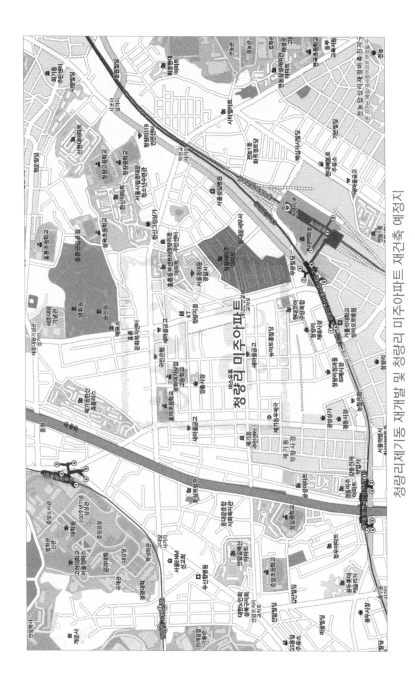

청량리제기동 재개발 및 청량리 미주아파트 재건축 예정지

▷ 청량리 재정비촉진지구

청량리 재개발 지구의 미래가치는 매우 긍정적이다.

청량리 도시재생사업이 어느 정도 성숙단계에 진입하면 청량
리뿐 아니라, 전농, 답십리 뉴타운과 순차적으로 개발 예정으로
있어 강북 재개발 최고의 미래가치가 있는 곳이 바로 청량리 재
정비 촉진 지구다. 청량리 재정비 촉진지구와 함께 청량리 지역
을 대표하는 랜드마크 아파트로 군림해온 미주 아파트 재건축 단
지도 미래에 경제성이 담보 되는 곳이다.

▷ 청량리 미주아파트 재건축

동대문구는 미주 아파트 주택 재건축 정비 사업 계획(안)을
2018년 9월 27일까지 공람, 공고했다. 따라서 구의원 의견 청취
후 서울시 도시 계획 위원회를 통과하면 정비구역으로 지정될 수
가 있다.

청량리 미주 아파트 단지는 13~15층 8개동 규모 단지다.

전용 면적 기준 86~177m², 1,089가구로 구성되어있다. 미주
아파트는 1978년 준공돼 재건축 연한(30년)을 훌쩍 넘겼다. 재건
축안전진단은 2015년에 통과했다.

정비 계획안에 따르면 미주 아파트 단지는 일대 5만 2,226m²
에 지하 2층~지상 최고 27층 17개동, 1,401가구 규모로 새 단지
와 부대 복지시설을 지을 예정이다.

용적률 298.56%, 건폐율 26.76%가 적용한다. 이중 전용 45~59m², 214가구가 임대 주택으로 건설된다. 일반분양은 전용 45~134m²로 구성될 예정이다.

청량리 미주아파트는 청량리 역세권 개발의 중심으로 떠오르고 있는 재정비 4구역과 대각선으로 300m 이내에 위치해 있어 가까운 미래에 청량리 지역의 랜드 마크로 떠오를 가능성이 크다.

청량리 미주아파트는 오랜 기간 서울 동부지역의 랜드마크 단지로 군림해 온 곳으로 이 지역 거주민들의 관심이 높은 지역이다. 따라서 서울 동부지역 재건축아파트 단지 중에서 개발 후 최고의 시세차익이 발생할 곳으로 예상되고 있다.

8. 서울 강북 한강 벨트 핵심 개발 지역, 용산

서울 강북의 핵심 개발 축은 강남과 한강을 사이에 두고 개발이 진행 중인 소위 한강 벨트 축선상의 마포, 용산, 한남, 성수 지구다. 현재 이곳은 신분당선 연장, 용산 미군 기지 이전 등의 호재로 신고가를 다시 쓰며 서울에서 강남을 대체하는 지역으로 각광받고 있다. 현재 이곳의 시세는 단기간에 많이 오른 상태이나 서울의 개발축이 강북의 한강벨트로 확장되고 있다는 측면에서 미래의 성장이 기대되는 곳이다.

서울에서는 강남 3구와 함께 핵심 개발 축으로 평가받아오던 마, 용, 한, 성수지구는 한동안 강남에 비해 저평가 되어 왔던 것을 뒤로하고 서서히 옛 영화를 찾아가고 있다. 이러한 발전이 있기까지는 한남 뉴타운의 본격적 사업 추진과 신분당선 강남 - 용산간 연장선 공사가 본격적인 개발이 시작된 것과 관련이 깊다.

용산 지구는 소위 한강 개발 축선 상에 위치한 핵심 개발 지구를 대표하는 곳이다. 서울시장 박원순은 용산을 여의도와 함께 강북 개발의 상징적인 지역으로 개발을 추진하겠다고 하다가 여론의 뭇매를 맞고 이를 철회하였지만 이는 정부의 부동산 규제정책을 의식한 페이크이고 그는 용산 개발의 의지를 여전히 갖고 있다. 투자자들도 이를 모를 리가 없다. 나는 용산하면 대학생때 낡고 비좁은 시외버스 터미널이 있었던 장소로 기억하고 있지만 이제는 그런 모습은 흔적도 찾기 어렵고, 현재의 용산지역은 고층 빌딩이 즐비하고 미군기지까지 이전해 광활한 녹지면적까지 갖춘 곳이 되었다. 앞으로 녹지면적이 어떻게 개발될지는 모르지만 지금도 충분히 개발지로서는 최상의 조건을 갖추고 있는 곳이다. 더욱이 신분당선 연장선이 용산에 이어서 3호선 은평 뉴타운까지 건설공사가 한창 진행 중으로 만약 이 공사가 완공되면 용산은 서울 어느 곳이나 30분 이내에 도착할 수 있는 사방 팔달의 교통망을 갖추게 되어 용산의 가치를 한 층 높일 것이 분명하다. 용산지구와 함께 강북의 한강 개발 축선 상의 핵심지역인 한남지구는 이미 가격이 오를 대로 올라 대지지분이 한 3.3m²(평)당 1억 원을 호가하는 곳이 속출하고 있다.

이제 서울의 부동산은 그동안 서울 부동산을 주도해왔던 강남과 더불어 용산, 한남지구가 주도하는 시대가 곧 열릴 것이다. 문제는 이들 지역의 부동산 가격이 서울 핵심지역 중에서도 가격상승세가 높았던 것을 감안하면 추가적으로 투자에 편승하는 것은 신중히 검토한 후 투자를 모색해야 한다.

강북 지역의 한강 개발 핵심지역에 위치하고 있는 용산, 이촌, 한남, 성수지구는 미래에도 서울 강북 개발의 핵심지역으로서의 그 위치를 공고히 해 나갈 것이다.

투자는 개인의 책임 아래 하는 것으로 본인의 의지에 달려있는 것이지만 나는 개인적으로 이 지역들의 가격 상승세를 의심하지 않고 있다. 다만 가격이 너무 올라 투자 진입장벽이 문제다. 따라서 충분히 자신의 유동성이 준비되어있지 않은 사람은 투자를 자제하는 것을 권한다. 금리 인상이 된다는 것은 예금금리보다 대출금리가 더 많이 오른다는 것을 의미하기 때문에 고가의 부동산에 빚내서 투자하는 것은 혹시 있을지 모르는 가격 하락에 대비해서 투자해야 한다.

9. 서 서울의 랜드마크, 마곡지구 투자, 늦지 않았다.

　서울의 서부권 개발 역사에서 마곡지구가 차지하는 위상은 절대적이다. 마곡지구는 서울시의 외곽지역에 불과했던 강서구의 위상을 단번에 격상시켰다. 마곡지구는 서울시의 마지막 택지 개발 지구라는 점에서 여론의 주목을 받아온 지역이다. 마곡지구의 첫 분양은 2013년에 시작됐다. 그러나 기대와는 달리 미분양이 발생했다. 2013년 초에는 아직 부동산 시장이 본격적으로 상승하기 이전으로 위례 신도시가 같은 시기에 분양을 시작한 것이 분양에 악재로 작용했다.

　마곡지구의 교통 인프라는 최고 수준이다. 서울 지하철 9호선이 개발에 맞춰 개통됐고, 인천공항 철도, 서울 강북, 강남의 핵심구역을 빠른 시간에 이동할 수 있다. 그리고 서울 수도권에 개발된 택지지구의 대부분이 베드타운으로 건설된 것과는 다르게 마곡지구는 서울시내에 위치함에도 불구하고 대기업을 중심으로 하는 산업 클러스트가 한창 조성 중이다. 이에 따라서 인구 유입도 증가하고 있으며 또한 한강변을 끼고 있는 천혜적인 자연경관도 장점이 되고 있는 지역이다.

마곡지구는 택지 개발 지구로 상대적으로 분양가가 낮았다. 분양당시 85m²의 분양가가 3.3m²(평)당 1500만 원에서 1,700만 원 수준이었다. 그런데 2017년에 가서는 3.3m²(평)당 호가가 3,000만 원으로 2배가 뛰었다. 만약 분양 시점에 마곡지구에 투자하였다면 만 4년이 안 되는 기간 동안 분양가 대비 100%의 수익률을 올린 결과가 된다. 2018년 10월 현재는 이보다 더 올라 분양가 대비 3배나 오른 아파트도 속출하고 있다.

2013년 마곡지구 분양 당시 이곳의 아파트를 분양받기 위해서는 투자금이 모두 있어야 하는 것도 아니었다. 마곡지구는 후 분양제로 분양됐기 때문에 실 거주를 피하고 투자 목적으로 매입해서 전세를 놓는 경우 1억 원의 투자금으로 분양을 받을 수가 있었다.

나는 강의할 기회가 주어지면 항상 이런 말을 한다. 정부의 부동산 규제정책에도 불구하고 오를 지역은 오른다고. 이 말을 대표하는 지역이 바로 마곡지구다. 2018년 8월 땡볕이 내리쬐는 날 연신 땀을 흘려가며 이 지역 곳곳을 둘러봤다. 대개의 신도시 초기 모습처럼 마곡지구 역시 황량한 느낌이 없었던 것은 아니었지만 수도권에 개발된 신도시와 비교해 서울 내에 위치해서인지 대중교통을 이용해 서울의 다른 지역과의 이동이 확실히 편했다. 마곡지구가 서울에 있긴 하구나 하는 느낌을 확실하게 실감할 수 있었다. 마곡지구는 광화문에서 601번 버스를 타고 이동해도 30분 이내에 도착할 수 있을 정도로 도심 접근성이 좋은 지역이다. 5호선 전철을 타고 방화역에서 내리면 바로 마곡지구다. 사실 대규모 택지 개발 지구 중에서 서울 중심으로의 이동하기가 편하고 베드타운으로 건설된 것도 아니고 산업 클러스트와 연계된 자족 도시로 개발된 곳은 흔하지 않다. 이것이 마곡지구가 분양가 대비 큰 폭의 가격 상승이 있었던 이유가 되겠지만 또 이는 마곡지구 미래 전망을 좋게 보는 이유가 되는 것이다.

앞서 말했듯이 마곡지구는 서울에서 마지막으로 개발된 대규모 택지 개발 지역으로 개발 시점부터 여론의 관심을 받아왔던 곳이다. 강서구에 위치한 마곡지구는, 마곡지구가 본격적으로 개발을 시작하기 전까지 이 지역에서 대규모 재건축으로 주목을 받았던 서울 지하철 5호선 내발산역 일대 우장산 힐스테이트, 우장산 아이파크, e편한세상 등이 이 지역의 아파트 시세를 주도했다.

이곳은 화곡 1지구 등 저밀도 재건축 사업을 통해 조성된 곳으로 시공사 브랜드 인지도, 대단지 역세권 등 여러 장점들로 인해 지역 부동산을 주도했다.

이들 단지가 입주하고 한창 주목을 받을 당시 마곡지구는 본격적으로 개발하기 전이었다. 그러나 마곡지구의 개발이 본격화되면서 마곡지구는 벌써 강서구를 대표하는 랜드마크 지역이 되고 있다.

마곡지구에 말만 무성했던 대기업 연구소 유치를 비롯한 업무, 문화, 상업시설과 대규모공원이 조성되는 등 짧은 시간에 발전을 거듭하고 있다.

현재 마곡지구에는 롯데그룹의 식품 관련 계열사 4곳과 대한해운 등 많은 기업체들이 마곡지구로 이전하였고, 앞으로 넥센, 코오롱, 이랜드그룹, 에스오일 등의 대기업과 중소기업 등 100여 개가 입주할 예정으로 있어 든든한 수요가 뒷받침돼주면서 주택 가격도 상승 중이다.

마곡지구는 개발 완료 후 상주인구만 15만 명이 넘어서는 산업 클러스트 단지로 거듭날 것이다. 마곡지구는 수요에 비해 공급이 한정되어 있어 정부의 규제정책에도 불구하고 집값이 계속 상승해오고 있다.

마곡 힐스테이트 전용 $84m^2$ 아파트는 2018년 이후 분양가의 2배가 넘는 10억대 매물이 속출하고 있다.

기업들의 입주가 본격화되면서 마곡지구의 아파트값도 고공행진 중이다. 2018년 2월 마곡 힐스테이트 전용면적 $84m^2$는 11억 원에 거래됐다.

9호선 마곡나루역 역세권인 마곡 엠밸리 7단지 전용면적 $84m^2$는 2018년 3월, 9억 9500만 원에 실거래가 신고됐는데, 이 아파트의 분양가가 4억 원 초반 대라는 것을 감안하면 분양가 대비 2 배 이상 오른 것이다.

이외에 마곡 엠밸리 5단지, 6단지 전용면적 84m² 역시 9억 8000~9억 9000만 원에 거래가 됐으며 2018년 9월 초에는 10억 대의 매물이 나온 것이 확인되었다.

마곡 13단지 힐스테이트 마스터 전용면적 84m² 아파트는 최고 11억 원을 호가하며서 인근 10억 대 미만 매물은 자취를 감추었다고 한다.

최근 3년간 강서구 아파트 가격 상승률 (단위: %)

마곡동	방화동	둔촌동	공항동	가양동	내발산동	화곡동	염창동
35.96	33.26	31.91	22.87	44.00	32.91	29.24	29.03

자료: 부동산114

90년대 지어져 노후 단지가 많은 가양동 일대는 9호선 개통이 후 수요층이 두터워졌다. 신규 아파트 매물이 귀했던 이곳에 2011년 한강자이 아파트가 분양됐지만, 주변 시세보다 3.3m²(평) 당 200~500만 원 높은 분양가로 인해 장기간 미분양 상태로 있었 다. 그러나 지금은 지역 시세를 주도하며 2014년 10월 5억 9,000만 원이었던 매매가는 2018년 3월 기준 8억 6,500만 원까지 올랐다.

앞으로 마곡지구 및 가양동 일대의 미래 전망은 어떻게 될 것인가.

정부의 9.13 규제 조치로 상승세에 제동이 걸릴 것이라는 시각도 있지만, 이 고비만 넘어선다면, 이 지역이 수요 유발 요인이 많은 것으로 보아 장기적 관점에서는 가격이 우상향의 기울기를 계속 가져갈 것으로 보인다.

대출금리 인상, DSR의 도입으로 인한 대출 규제, 보유세 인상, 양도소득세 중과 등 매수심리를 위축시키는 요인도 많지만 그렇다고 오를 집값이 오르지 말란 법은 없다.

10. 경기도 명품신도시, 광교

우리가 부동산 투자를 함에 있어 '지역'에 주목하는 것은 현재의 가치보다 미래의 가치에 더 주목해서 보기 때문이다. 또 사람들은 현재 자신의 생활 활동 공간과 교집합을 이루는 곳을 같은 값이면 우선순위로 꼽는다.

이렇게 해야 자녀들의 교육 환경이 갑자기 바뀌지 않게 된다. 아무래도 사람들은 자신들이 익숙한 지역에 살고 싶어 한다.

내가 광교 신도시에 주목하는 것은 이러한 점이 영향을 미쳤다는 것을 부인하지 못하겠다.

지금으로부터 10년 전 개인적으로 광교 신도시와 가까운 용인시 상현지구에 살았기 때문에 광교 신도시의 개발 단계에서 입주 시기까지를 지켜보았다. 지금은 마음만 먹고 광교 신도시에 투자하지 않는 것을 후회하고 있다. 지금도 광교 신도시를 감싸고 있는 수도권 최대의 허파, 광교산은 여전히 나에게는 친숙한 곳이다.

광교 신도시를 명품도시로 평가했던 이유는, 광교 신도시는 수원시의 교육, 교통, 자연녹지, 문화, 의료 부분 등 아파트의 가치를 보는 모든 항목에서 높은 점수를 받은 곳이기 때문이다. 광교 신도시는 인프라를 충실히 갖춘 쾌적한 주거환경과 경기도의 행정, 산업 클러스트 단지를 완벽하게 갖추고 있다.

그러니까 광교 신도시는 개발과 동시에 베드타운으로 전락한 다른 신도시와 비교해 완벽하게 도시의 자족기능을 갖춘 곳이다.

현재 광교 신도시에는 경기도청, 의회, 수원지검, 수원지법 등 광역행정기관이 속속들이 입주하고 있고 광교 테크노밸리, 비즈니스 파크, 컨벤션 센터, 중심 상업 시설 등을 갖춘 자족 도시로서의 기능을 완벽히 갖추어 나가고 있다.

광교 신도시가 여타의 다른 신도시보다 비교우위에 있는 부분을 얘기해보자면,

첫째, 광교 신도시는 자족도시로서의 완벽한 조건을 갖추고 있어 우선 잠재적인 수요층이 많다는 것이다. 또 앞에서 전술한 것처럼 광교 신도시는 광역행정기능, 테크노밸리, 그리고 문화, 레저, 교육, 교통, 여기에 수도권 최대의 자연녹지인, 광교산을 배후로 하고 있어 주거공간으로서 평가할 때 신도시 중 최고라 할 수 있다.

둘째, 신분당선 연장으로 서울 강남 진입이 빨라졌다.

수도권 신도시의 아파트 시세는 서울 강남 중심권으로부터의 이동거리, 이동시간 순으로 시세가 형성된다.

따라서 강남역으로부터 가장 이동거리가 짧은 분당, 판교, 용

인 동천, 용인 신봉, 용인 상현 순으로 아파트 시세가 결정된다고 하겠다.

최근 들어 광교 신도시가 사람들이 입에 부쩍 많이 거론되는 것은 아무래도 신분당선 연장으로 광교 신도시의 중심 광교중앙역에 대규모 환승센터가 완공되어 서울 강남으로의 이동시간이 많이 단축되었다는 것을 꼽을 수 있겠다.

셋째, 신 주거 문화 도입에 따른 시너지 효과를 꼽을 수 있다.

광교 신도시 경기 융합 타운 주변에 조성된 에듀타운은 국내에서 처음 선보인 교육과 주거가 어우러진 복합 커뮤니티 미래형 주거모델을 제시하고 있는 신개념 주거 단지이다.

에듀타운 내에는 현재 초, 중, 고 3개교를 중심으로 학군 복합시설, 학원시설, 근린생활시설, 공원 등이 들어서 있어 '제2의 강남 학군'으로 평가되고 있다.

위에서 말한 것처럼 광교 신도시는 뛰어난 교육환경에, 주거여건까지 잘 갖춰진 것이다. 그리고 무엇보다 신분당선 연장의 수혜지역으로 서울로의 이동시간이 크게 단축되었다는 것이다.

수도권 신도시의 아파트는 서울 강남역으로의 진입시간이 아파트 가격을 결정하지 않는가.

넷째, 뛰어난 자연환경을 들 수 있다.

나는 개인적으로 광교 신도시가 개발되기 전에는 원천유원지, 광교산으로 등산을 자주 다녔었다. 광교 신도시를 가본 사람은 다들 느꼈겠지만 광교 신도시의 정말 뛰어난 장점은 친환경 녹지 공간에 있다.

광교 신도시는 토지이용 중 공원녹지의 비율이 41.40%(141만 4천 평)으로 판교(35%), 김포(28%), 분당(20%), 일산(22%) 신도시 등과 비교해 월등히 높다. 반면에 ha당 인구밀도는 68.7명으로 신도시 가운데 가장 낮아 쾌적한 주거공간이 조성될 수밖에 없는 곳이다

또 광교 신도시 내에 있는 20만 평 규모의 호수에서는 수상스키까지 탈 수 있고 4시간이 소요되는 광교산 등산로가 잘 구비되어있어 도시의 편리함과 전원의 쾌적한 생활을 꿈꾸는 사람들에

신분당선 노선도

게는 이상적인 조건을 갖춘 명품 신도시가 바로 광교 신도시라 하겠다.

용인시는 부동산 침체기에 대형 아파트의 무덤이라고 불려질 정도로 용인시 거의 전 지역의 부동산 가격이 급락했었다. 신분당선 노선도의 표시 역 중에서 분당과 거리가 가장 가까운 동천지구는 상대적으로 덜 했지만, 성북, 상현 지구는 거주자들이 왜 이곳에 들어와 생고생을 하나 하는 소리가 많았었다. 그러나 신분당선 연장구간이 뚫리면서 이곳의 표정은 완전히 달라졌다. 역세권 주변의 신규 아파트 단지들부터 가격 상승이 시작되더니, 지금은 신분당선 연장구간으로 열차가 지나가는 곳은 시세를 매일 같이 다시 쓰다시피 했다. 신분당선 연장구간의 수혜를 입은 지역이 용인시 서북부 지역만이 아니라 광교 신도시도 큰 수혜를 입었다. 광교 신도시가 제아무리 자족기능을 갖춘 친환경 명품도시라 해도 서울 접근성이 떨어지면 그냥 좋은 수도권 신도시 중 하나가 될 뿐이다. 그러나 다행히 신분당선 연장 수혜지역을 대표하는 신도시로 광교 신도시가 거론되면서 광교 신도시가 거듭나게 된 것을 부인할 수가 없다. 역시 수도권 아파트는 서울 강남 접근성이 아파트 가치를 좌우한다.

11. 금리 인상과 임대부동산 투자 전망

현재 수익성 부동산 시장은 입주물량의 증가와 대출 금리의 상승으로 어느 때보다 투자환경이 어려워졌다. 특히 대출금리 인상과 대출조건이 강화되면서 수익률도 점차 하락 중이다. 수익성 부동산 시장에서 투자금이 적어 진입장벽이 상대적으로 낮았던 오피스텔은 정부 부동산 규제의 타깃이 되고 있다. 8.2 부동산 대책을 통해 투기과열지구, 조정 대상 지역의 오피스텔 분양권은 소유권 이전등기 전까지 전매하지 못하도록 규정이 바뀌었다. 그동안 오피스텔은 전매기간의 규제가 없어 유망지역의 경우 청약 당첨 이후 바로 프리미엄을 받고 처분할 수가 있었다. 당연히 단기 시세차익을 노리고 오피스텔 시장에 투자자들이 몰려들었다.

대출 금리의 인상은 오피스텔의 수익률 저하로 나타나고 있다. 서울 오피스텔의 수익률은 2017년 11월 기준으로 평균 4.89%로 5% 미만으로 하락 중이다. 2018년 전국에 입주하는 오피스텔 물량은 총 7만 2,666실로 이는 2017년 대비 45.14%가 늘어난 것으로 2004년의 9만 266실 이후 가장 많은 물량이다.

정부는 가계부채 종합대책을 통해 부동산 임대업자의 상환능력 심사에서 임대업 이자 상환 비율을 산출해 참고지표로 삼고 있다. 따라서 임대 사업자가 대출받을 때 연간 임대 소득이 대출 이자보다 많아야 대출이 승인된다. 이렇게 임대 사업자에 대한 대출 규제는 임대 사업 투자자들의 유동성의 고리를 끊는 것으로 투자 기피 현상으로 이어질 수가 있다.

기존의 수익성 상품 중에서 지식산업센터, 생활 편의 시설, 기존 오피스텔과 상가 등의 수익성 부동산을 대체하는 수익성 부동산들이 활발하게 공급 물량을 늘려가고 있다. 이 상품들은 분양권 전매 규제를 피해 갈 수가 있어 투자자들이 몰리고 있기 때문이다.

오피스텔 투자의 수익률은 외곽으로 나갈수록, 매매가가 낮을수록 임대수익률은 높아진 반면 오피스텔 $3.3m^2$(평)당 분양가가 가장 높은 서울의 경우 연간 임대수익률은 4.98%로 연 5%도 되지 않는다. 따라서 오피스텔 투자는 서울의 핵심권만을 고집할 필요가 없다.

사람들은 말한다. 오피스텔을 포함한 다가구 원룸의 수익률은 실제보다 과장이 돼있고 임차인을 12달 공실 없이 운용한다는 것은 결코 쉽지 않은 일이라고. 그렇다. 남에게 세를 주고 월세 받는 일이 쉬운 일이 아니다. 우리가 임차인들을 특정 기준을 세우고 임차인을 골라 받는다면 얼마나 좋겠는가. 세상에서 가장 어려운 일이 사람을 대하는 것이라는 말도 있지 않은가. 동네에서 음식점 하는 사장님에게 물어보면 거의 모든 사장님들이 일은 오히려 안 힘든데 사람 상대하는 것이 가장 어렵다는 말들을 한다. 우리는 원룸을 세놓아 월세를 받는 것을 두고 임대 사업이라고 부른다. 임대주택을 운용해 월세를 받는 행위는 엄연한 사업이다. 사업하다가 손님 상대하는 것이 더럽고 아니꼽다고 사업을 내팽개치지는 않을 것이다. 임대 사업을 사업으로 인식한다면 이 정도의 수모는 감내해야 한다.

임대주택 사업은 임대주의 사업적 마인드, 대 고객 서비스의 차이에서 임대 회전율이 판가름이 난다. 전국에서 대학가 원룸이 가장 많은 대전시 원룸촌에는 수많은 임대 사업자가 있지만 전화 응대하는 것부터 정감 어린 사람이 있는가 하면 말 하나에 온갖 정나미가 다 떨어져 원룸의 가성비가 아무리 좋다 해도 입주가 꺼려지는 곳이 의외로 많다. 최근의 임대주택 사업은 과거처럼 방만 있다고 고객이 제 발로 찾아오는 시장이 아니다. 천안 두정역과 가까운 백석대, 상명대, 단국대 천안 캠퍼스 주변의 대규모 원룸촌에 가봐라. 그곳에는 정말 원룸주택이 바다를 이룰 만큼 많다. 이 말을 다른 말로 바꿔 말하면 고객의 입장에서 원룸은 많고 내가 선택할 곳 역시 많다는 얘기다. 이 많은 원룸 중에서 가성비가 같다고 하면 고객은 무엇을 기준으로 원룸을 선택 할 것 같은가. 가격 대비 가성비를 넘어서 눈에는 보이지 않는 임대인의 서비스 마인드를 보고 결정하는 것이다. 이렇게 CRM(고객 관계 관리) 측면에서 비교 우위를 점하고 있다면 원룸 투자는 지속되고 있는 저금리 시대에 생활비를 마련해야 하는 노년층, 월급으로 재테크를 해야 하는 월급쟁이들의 재테크 상품으로 여전히 경제성이 최고인 상품이다. 사실 이 혹독한 저금리 시대에 투자 안정성, 수익성, 환금성에서 이만한 상품이 어디 있는가. 다가구 원룸은 지방 캠퍼스마다 대규모의 원룸촌이 형성되어있다. 대표적인 곳이 천안의 안서동, 두정동 주변의 대학가, 대전시의 한남대, 배재대, 우송대, 대전 과기대, 충남대 주변의 원룸촌 그리고 경북 경산시의 영남대, 충북 제천의 세명대, 청주의 청주대, 충북대, 강원도 원주 상지대, 춘천의 강원대, 한림대, 강릉의 강릉대, 관동 가톨릭대 등 투자하려고 마음먹으면 정말 투자할 곳은 많다. 그러나 문제는 항상 수익률 아니겠는가. 최근 들어 대학 진학률이 계속 줄고 있어 대학가 원룸 투자도 예전만 못한 것이 사실이지만 이 역시 사람하기 나름이다.

에필로그

　판교 신도시 백현 마을 휴먼시아 전용면적 84.69m², 서초구 내곡동 더샵포레 84.81m², 강남구 자곡동 한양 수자인 84.80m², 성남시 위례 센트럴푸르지오 101.96m² 등 앞에 열거한 아파트들의 공통점은 정부가 부동산 규제정책을 쏟아내던 지난 1년간 (2017년 8월~2018년 8월) 집값이 5억 원 가까이 오른 아파트라는 사실이다(자료, 네이버 부동산). 물론 이 기간 동안에 반포 재건축 아파트 단지는 이보다 더 올랐다. 그러나 반포 재건축 단지를 제외하고 이 정도로 많이 오른 곳은 없다.

　현재 시장 실세금리를 말하는 국고채 3년물의 증권시장 내에서의 유통수익률이 2% 수준에서 움직이고 있고 한국은행 기준금리는 1.75%다. 이를 역으로 해석하면 은행예금에 투자해서는 세후로 1%대의 수익률을 넘어설 수 없다는 얘기가 된다.

　한때 우리나라 대기업을 두고 대기업은 절대 망하지 않는다는 불패신화라는 말이 유행했었다. 그러나 IMF 외환위기를 겪으면서 자금난에 시달린 대기업들의 파산이 도미노 현상으로 이어지면서 이 얘기는 이제 쏙 들어갔다. 그러나 부동산은 사두면 언젠가는 오른다는 부동산 불패신화는 여전히 현재 진행형이다. 인구 절벽, 내수경기의 침체 현상에도 불구하고 서울 수도권으로의 인구 유입은 오히려 증가하고 있으며 핵심지역의 부동산은 천정부지로 오르고 있다. 물론 부동산 시장도 이제는 옥석을 가려가며 투자를 해야 한다. 부동산은 해방 후 지금까지 주식, 채권과 비교해 가파른 우상향의 기울기를 보여 왔다. 이 말이 뜻하는 것은 부동산은 일시적인 금융위기 상황이 아니라면 앞으로도 계속 오를 것이라는 것이다. 나는 2019년 부동산 시장이 숨 고르기 기간이 끝나면 핵심지역을 중심으로 그동안 소외되어왔던 비소형, 비고가, 비강남 아파트들이 강남 부동산과의 격차를 줄여 나갈 것이라고 믿고 있다. 과거 고금리 시대를 살아왔던 사람들에게 지금의 이 혹독한 저금리 시대에 그들이 과연 자신의 유동성을 어디에 투자하겠는가. 위험자산에 대한 회피 심리가 커진 투자 시장에서 주식에 투자하기는 겁나고, 그렇다고 물가도 못 쫓아가는 예금에 투자할 수도 없는 것이 아니겠는가.

부동산은 입지를 잘 선택해 투자를 하면 장기적으로 가격이 오른다. 물론 조정장에 투자하면 시간이라는 기회비용을 상실하겠지만 실수요자는 여유자금 내에서 조정장에 투자하는 것은 미래의 핵심 투자 지역을 선점하는 효과를 거둘 수가 있다.

독자 여러분 부동산 시장의 변동에 일비일희하지 마시고, 장기적인 관점에서 투자를 모색하기 바란다. 언론에 나오는 기사들은 그저 사람들의 주목을 끌기 위해 현상에 집중해 기사를 내보내는 것일 뿐 시장의 본질과는 관계가 없다. 나는 부동산 하락기에 비관론으로 일관하는 사람들에게 묻고 싶은 것이 있다. 그렇다면 당신은 이번 폭등 장세에서 이렇게까지 서울 집값이 오르리라고 예상했는가. 그렇다. 시장의 흐름은 아무도 장담할 수가 없는 것이다. 부동산 투자를 두고 말들이 많지만 적어도 대한민국의 서민이 경제적으로 한 단계 업그레이드해주는 투자 상품은 부동산이 유일하다.

독자 여러분, 경제적으로 안정된 생활을 꿈꾸고 있나요? 그렇다면 더 늦기 전에 부동산에 투자하십시오.

2018년 12월 쌈지 선생 박연수